KB193496

세상중심에서 하나님중심의 인생 기록

예수제자학교

JESUS DISCIPLES SCHOOL

예수 그리스도의 부르심에 이끌려
예수제자학교를 들어갔습니다.

제자훈련을 받고
또 받다보니
내 안에 함께 계신 하나님을 발견했습니다.

이곳으로 나를 보내신 이도
나를 만나주신 이도 예수 그리스도였습니다.

도서출판 생각풀이

프롤로그

예수님의 인기는 군중들 속에서 치솟았습니다. 가는 곳마다 가르침과 병 고침의 은혜를 베푸셨습니다. 예수님의 말씀을 듣기 위해 갈릴리 해변의 산비탈에는 수많은 군중들이 모여 있었으며, 이들은 사방에서 찾아온 무리였습니다. 예수님과 가장 근접한 곳에는 열두 사도들이 일차 방어선을 치고 앉아 있었으며, 또 다른 70인의 제자들은 이차 방어선을 치고 앉아 있었습니다.

숱한 무리들은 언덕마다 빼곡하게 모여 있었습니다. 군중들 가운데는 30대 초반의 남자가 놀라운 가르침을 베풀고 있었습니다. 그분은 예수였습니다. 모두들 격조 높고 생소했던 말씀을 듣기 위해 귀를 기울이고 집중했으며, 사람들은 그분의 말씀을 하나라도 더 들으려고 더욱 가까이 다가갔습니다.

하지만 나는 동 떨어진 장소에 홀로 앉아 있었습니다. 지나친 인생 부담감 때문이었습니다. 그분의 가르침에 앞서 내 마음은 온통 제자의 삶에 대한 심란한 걱정뿐이었으며, 예수제자의 삶은 감당하기 힘들다는 생각 때문에 회피하고 싶었습니다. 예수제자로서 떳떳하게 살아갈 자신감이 없었습니다.

줄곧 제자의 삶은 선택받은 기독인들의 특별한 삶의 영역이라고 여겼습니다. 나와는 영적인 품격이 다른 사람들이었으며, 나와 같은 사람이 예수제자가 되는 것은 오히려 부끄러운 일이고 앞뒤가 맞지 않는다고 생각했습니다. 늘 생떼를 부렸습니다.

마음은 예수님께 더 가까이 다가가고 싶은데, 그렇게 되면 빈몸으로 아프리카나 아시아 오지마을 선교를 떠나야만 할 것 같아서 매우 불편했습니다. 제자의 삶과 선교는 이중적인 부담감이었으며, 내면을 심란하게 흔들어 놓았습니다. 제자의 삶, 또는 선교사적인 삶은 구별된 길이었습니다. 어떤 상황 앞에서도 제자의 삶은 피하고 싶었으며, 영적인 삶을 기대하는 것보다 세상적인 삶에 대한 미련이 더욱 컸습니다.

나에게 제자의 삶은 전혀 적합하지 않다는 자의식에 사로잡혀 있었습니다. 어지간히 세상적이었습니다. 예수제자의 삶이 싫어 대학생 선교단체를 떠났던 것이 마음에 걸렸던지 전문인선교사역자의 길을 놓고 기도했습니다. 이때만 해도 전문인선교사역에 대한 이해가 전혀 없던 시기였습니다. 나는 대학을 졸업한 후 약 이십 년이 지난 후에 눈을 떠보니 서빙고 온누리교회의 전문인선교훈련학교^OPMS^와 예수제자학교^JDS^를 이수하고 있었습니다. 온누리교회 담임목사님의 〈부르심〉이란 설교를 듣고 있었습니다.

그리고 한순간이었지만, 내 기억은 연어가 회귀하듯이 과거로 거슬러 올라갔습니다. 예수님께서는 목사님의 설교 중에 예수제자학교의 부르심을 직접 보여주셨습니다. 그분이 직접 부르셨다는 확신이 밀려왔습니다.

"하나님은 정말 살아계셨어.
나와 함께 호흡하고 계셨어!"

나는 예수제자학교[JDS]를 통해 하나님의 임재를 강하게 느꼈습니다. 그분은 내 인생을 붙들고 계셨으며, 내가 어느 곳에 있던지 함께 계셨습니다. 그래서 조금이라도 그분의 은혜를 나누고자 이 글을 썼으며, 오늘도 예수제자의 삶을 소망하는 형제자매들에게 이 책을 겸손하게 바칩니다.

예수님의 도구가 되어 나를 전문인선교훈련학교와 예수제자학교로 인도해 주신 분께도 깊은 감사를 드립니다.

주님의 은혜를 사모합니다.

2021. 10. 25

달샘 배상

CONTENTS

내가 진실로 진실로 너희에게 이르노니
한 알의 밀이 땅에 떨어져 죽지 아니하면
한 알 그대로 있고
죽으면 많은 열매를 맺느니라

요12:24

01
불완전한 신앙생활

내게 이르시기를 그만해도 족하니
이 일로 다시 내게 말하지 말라
신3:26

성령의 사람

예수제자의 삶은 거울과도 같았습니다. 마주보면 보기에는 좋았는데, 예수제자가 되어 하나님나라로 들어가는 것은 불편했습니다. 예수제자는 하나님의 형상을 본받고 실천하는 거룩한 생활이었으며, 마음속의 바램이고 소망이었습니다.

하지만 전혀 어울리지 않는 너무 값비싼 옷을 입고 있는 듯했습니다. 온전히 예수제자의 삶을 살아갈 수 있는 자신감은 턱없이 부족했습니다. 스스로 예수 그리스도를 통한 구원의 은혜에 대해 빚진 마음을 갖고 있어도, 제자의 삶을 떳떳하게 살아낼 수 있는 자신감은 부족했습니다. 어울리지 않는 옷을 입고 있다는 못난 생각에 사로잡혔습니다.

예수제자란 어떤 사람들입니까? 예수를 믿고 구원을 받아서 거듭난 사람들이었지만, 일생동안 공사 중에 있는 사람들이었습니다. 인생 공사가 모두 끝난 사람들이 아니라 평생 공사 중에 있는 사람들이 예수제자였습니다.

예수제자학교는 예수의 형상을 품고 생애를 살아가는 사람들, 마음 중심에는 하나님자리를 만들어 놓고 살아가는 영성훈련 학교였습니다. 하나님이 삶의 중심에 머무시도록 나를 내려놓고 그분의 자리를 내어드리는 신앙훈련이었습니다. 많은 기독교인들은 믿음으로 살아가는 일에 숱한 고민을 쏟아부었습니다. 나도 그랬습니다. 평생 뒤쫓았던 것은 내 삶의 참된 주인은 누구인가였습니다.

이것은 신앙적인 과제이고 인생 숙제였습니다. 그런 이유였는지, 나이를 먹어갈수록 제자의 삶에 대한 고민은 깊어갔습니다.

기독교는 심령 깊숙이 하나님을 충만하게 채우는 일에 의미를 두었다면, 불교는 자기 욕심을 비우는 해탈에 목적을 두었습니다. 불교는 마음을 드러내는 발심發心과 마음을 닦는 수행修行을 통해서 해탈解脫에 이르는 과정이 핵심적인 실천단계였습니다. 해탈은 문자 그대로 자신을 구속하고 있는 것에서 자유로와지는 것을 말했습니다.

하지만 우리 기독교는 달랐습니다. 사탄에게 종노릇하던 세상적인 심령을 하나님의 영으로 충만하게 채우는 일이었으며, 늘 성령 충만한 상태를 유지하는 것이었습니다. 신비로운 성령하나님이 우리 안에 머무실 수 있도록 자리를 내어드리는 일이었습니다. 하나님의 임재와 함께 평안과 기쁨을 누리는 생활이었습니다. 성령하나님이 함께 하실 때에 우리에게 주어지는 열매는 사랑과 희락과 오래참음과 자비와 양선과 충성과 온유와 절제였습니다(갈5:22-23).

다시 말해 우리에게 주어지는 성령하나님의 은사는 지혜의 말씀, 지식의 말씀, 믿음, 능력 행함, 병 고치는 은사, 예언, 영들의 분별, 방언, 통역 등 귀하고 소중한 것들을 베푸셨습니다(고전12:8-10). 예수제자는 매일 성령의 사람으로 살아가기 위해 거룩한 삶을 추구했으며, 믿음으로 결단하고 실천했습니다. 이들은 성령하나님과 동행하는 사람들이었습니다.

하나님을 바라본 믿음

너무 쉽게 믿음은 밑바닥을 드러냈습니다. 충만한 것 같아도, 시간이 지나면 깨진 물독에서 물이 빠져나가듯이 흘러나갔습니다. 다시 하나님을 의지하고 채워놓으면, 또 말없이 빠져나갔습니다. 이런 상태가 지속되면 믿음의 영역들은 불신들이 조금씩 갈아먹기 시작했습니다.

믿음의 독이 바닥나면 다니엘과 세 친구를 떠올렸습니다. 그들의 믿음만큼은 감동적이었습니다. 두렵고 끔찍했던 죽음 앞에서도 하나님을 바라보았던 믿음의 시선 때문이었습니다. 극한의 상황에서도 하나님을 바라볼 수 있었던 시선은 두려움을 극복할 수 있는 초월적인 능력이었습니다. 하늘로부터 쏟아지던 절대권자의 영성이고 능력이었습니다. 이들의 믿음은 영웅적이기도 했지만, 속된 말로 믿음의 끝장 판이었습니다.

나는 예수 그리스도를 처음 만났던 순간을 떠올려 보았습니다. 예수를 나의 구주로 처음 고백했을 때에 들었던 성경의 예화도 역시 다니엘과 세 친구였습니다. 나는 다니엘의 믿음이 특출 났던 것은 주변에 크리스천 친구들이 함께 있었기 때문이라고 추측했습니다. 그들이 좋았던 것은 하나님을 의지했고 친구들을 신뢰하던 믿음 때문이었습니다. 믿음은 하나님을 신뢰하는 행동이었으며, 친구들과 함께 죽음 앞에서도 담대한 믿음을 지켜냈습니다.

줄곧 어린 마음에는 믿음의 조상 아브라함, 이스라엘 백성을 출애굽 시켰던 모세, 하나님 마음에 온전히 합했던 다윗, 놀라울 정도의 영성을 지녔던 엘리야, 예수님의 수제자였던 베드로, 또는 다메섹 도상에서 예수를 만나 세계 선교에 헌신했던 사도바울 등 선지자들의 믿음이 부럽기만 했습니다. 그분들은 대단한 영성의 소유자였습니다. 성경 곳곳에서도 오직 하나님을 의지하던 절대적인 신앙관을 드러냈습니다. 믿음의 선지자들 중에서도 더 뛰어난 군계일학群鷄一鶴과도 같은 신앙의 사람들이 다니엘과 세 친구였습니다. 대제국 바벨론의 포로였습니다. 하나님을 신뢰하며 살벌했던 사자 굴과 시퍼런 풀무불 속을 성큼성큼 걸어 들어가던 모습은 상상만 해도 믿음의 용기와 자부심이 느꼈습니다. 무시무시했던 죽음의 공포 앞에서 전혀 두려워하지도 않았습니다.

나는 잠시 상상력을 발휘해서 그분들과의 친밀한 대화를 시도했습니다. 상상력 속에서 다니엘과 세친구의 뚜렷한 대답이

들리는 것만 같았습니다.

나: 어떻게 죽음의 위기를 담대하게 극복할 수 있었습니까?

다니엘과 세 친구: 눈에 보이지는 않아도 오직 하나님만을 믿고 바라보던 시선 때문이었지요. 우린 사자굴과 불가마에 들어간 것이 아니라, 세상에서 가장 안전한 하나님의 품속으로 들어갔을 뿐인걸요.

내가 깨달았던 것은 어떤 상황 앞에서도 하나님을 바라보던 시선이었습니다. 내 능력보다 전능하신 하나님을 바라보는 견고한 마음은 두려움을 극복하는 힘이었습니다.

다윗과 골리앗의 데스매치

성경예화는 믿음의 영웅 일대기였습니다. 역사적인 흐름과 시대별 환경차이에 따른 경이로운 믿음의 사례였습니다. 한편 전쟁영화에 버금가던 믿음의 주인공도 있었습니다. 그는 거인 장수 골리앗과 맞장을 떴던 어린 다윗이었습니다. 이스라엘의 통치자였던 다윗왕의 등장배경이었으며, 골리앗과의 일대일 데스매치death match였습니다.

성경의 기록 중에서도 대표적인 일대일 생존게임 방식이었습니다. 우리가 말하는 데스매치, 또는 프리포올free-for all과 같은 게임방식은 상대방이 죽을 때까지 싸우는 잔인한 게임의 룰Rule이었습니다. 특정한 상황 앞에서 다른 경쟁자가 죽어야만 끝이 나던 게임방식을 적용했습니다.

데스매치는 게임 디자이너 존 로메로와 프로그래머 존 카맥이 개발했던 비디오 게임 〈둠DOOM〉에서 유래했습니다. 〈둠〉은 1993년 이드 소프트웨어에 의해 개발된 1인칭 슈팅 게임이었습니다. 멀티플레이를 지원하는 최초의 FPS^First Person Shooting^게임으로 북미와 유럽에서만 1500만장 이상 판매했던 비디오 게임이었습니다. First Person은 1인칭을 의미했으며, 이는 게임 화면인 모니터가 곧 플레이어의 시각이 되는 방식이었습니다. 또한 슈팅^Shooting^은 총을 들고 적을 물리치며 임무를 수행하는 전쟁 게임형태였습니다.

쉽게 풀면, 데스매치는 오직 사느냐 죽느냐를 전제로 한 게임 방식이었습니다. 이기면 계속하여 생존할 수 있었고, 지면 죽음을 맞이하는 최후의 결과를 결정했습니다. 이스라엘 군대를 조롱하던 골리앗과 다윗의 한판 승부도 똑같은 형태였습니다. 전쟁터에서 다윗은 이스라엘 군대의 하나님이름으로 골리앗과의 데스매치를 임했습니다. 이스라엘 군대는 아말렉과의 민족전쟁을 끝내고 다시 블레셋 종족과의 전쟁을 치루어야 했습니다. 연이은 전쟁은 이스라엘 군대의 싸움의지를 해체시켜 놓았습니다. 더욱이 블레셋 진영에는 유명한 골리앗이라는 거인 장수가 버티고 서 있었습니다. 그는 민족 간 전쟁에서도 꽤나 알려진 유명한 싸움꾼이었습니다.

이름값을 하기 위해 골리앗은 블레셋 군대의 진영 앞으로 나와 이스라엘 군대를 얕잡아보며 마음껏 놀렸습니다. 마치 힘이 센 아이가 연약한 아이를 일방적으로 조롱하는 것과도 같은 괴롭힘 현상이 블레셋 군대와 이스라엘 군대 사이에서 벌어졌습니다. 골리앗은 온갖 멸시와 모욕을 쏟아 부으며, 이스라엘 군대를 조롱했습니다.

하지만 온갖 조롱에도 이스라엘 군인들은 골리앗과의 싸움을 회피했습니다. 거인 골리앗을 보며, 싸움을 붙어보기도 전에 겁부터 집어 먹었습니다. 골리앗과의 일대일 데스매치는 목숨을 내 놓고 싸워야만 했던 위기 상황이었습니다. 모두들 자기 목숨을 유지하려고 눈치를 보며 골리앗과의 싸움을 회피했습니다.

이스라엘 군인들은 두려움 앞에 떨고 있었다. 숱한 전쟁터에서 싸웠던 이스라엘 장수들도 골리앗과의 싸움은 무척 겁이 났다.

그때였습니다. 들판에서 양떼를 치던 어린 목동 다윗이 등장했습니다. 십대의 소년이었습니다. 사무엘상 17장 1절-58절은 다윗과 골리앗의 싸움을 구체적으로 기록해 놓았으며, 여기에서 다윗은 하나님의 전사가 되어 골리앗을 향해 나아갔습니다.

너는 칼과 창과 단창으로 내게 오거니와
나는 만군의 여호와의 이름으로

네가 모욕하는 이스라엘 군대의 하나님 이름으로 네게 가노라
삼상17:45

다윗은 데쓰매치를 하나님과 골리앗의 싸움으로 선포했습니다. 만군의 하나님을 의지하여 전쟁터에 나섰습니다. 어린 목동이 돌팔매를 들고 다가왔습니다. 뛰어난 이스라엘 장군도 군인도 아닌 어린 꼬맹이였습니다. 그 모습을 본 골리앗은 자신을 무시한다는 생각이 먼저 들었을 것입니다. 각종 전쟁터를 돌며 산전수전 다 겪은 세계 헤비급 선수가 골리앗인데도, 어린 학생부 선수 밖에 안 되는 초라한 몸짓의 다윗이 돌팔매를 돌리며 점점 다가왔습니다.

아무리 적군의 병사라고 해도 다윗을 본 골리앗은 코웃음이 나왔으며, 빨리 싸움을 끝내고 이스라엘 군대를 더욱 놀려 먹을 심산이었습니다. 이스라엘 군대는 데스매치에 어린 목동을 내보내는 겁쟁이 중의 겁쟁이라며, 군대 같지도 않은 군대라며 조롱할 작정이었습니다.

어라, 저 어린 놈 좀 봐라!
감히, 여기가 어디라고.

골리앗은 다윗을 불쌍히 여겼을 것입니다. 다윗과 같은 행

동을 보고 젖비린내도 가시지 않은 어린애의 겁 없는 행동에 비유했습니다. 하지만 데스매치의 결과는 다윗의 일방적인 승리였습니다. 다윗과 골리앗의 싸움은 세상적인 기준과는 그 결과가 확연히 달랐습니다. 다윗은 물매질 한 방으로 골리앗을 쓰러뜨렸고 재빨리 옆구리에 차고 있던 칼을 뽑아 골리앗의 목을 베어버렸습니다. 하나님을 의지하여 거인 골리앗과의 데스매치에 나섰던 다윗, 그의 일방적인 승리는 곧 하나님의 승리였습니다.

라디오게아 교회의 미온수

집단생활에는 니 편도 내 편도 아닌 미지근한 사람들이 있었습니다. 충격적인 자극에도 전혀 입장표명이나 구체적인 반응이 없었습니다. 스위스 중립국과도 같았습니다. 무색무취無色無臭의 성격이었으며, 색깔논쟁은 없었습니다.

이런 부류를 놓고 물과 같은 성질로서 표현했습니다. 뜨겁지도 차갑지도 않은 미온수였습니다. 뜨거운 열정도 없고 냉정한 지식과 자기주장도 갖추지 못한 사람으로 비유했습니다. 또한 회색지대나 중간지대라고 불렀습니다.

이것도 저것도 아닌 삶의 태도를 지녔습니다. 애매모호한 중립적인 태도를 취하거나 제3지대에 머물러 있는 상태였습니다. 어느 한쪽으로 쏠리지 않는 우유부단한 사람들이었습니다. 사회에서는 좋은 성격의 소유자로 평가받을 수 있어도, 성경적인 관점에서는 회색지대였으며, 하나님나라와 세상나라 사이에 끼어 있는 경계지점이었습니다. 기독교인도 아니고 세상 사람도 아닌 편의주의적인 종교집단이었습니다. 사도바울은 라디오게아 교회의 사람들을 놓고 미온수와 같은 기독교인이라며, 믿음의 결단을 권면했습니다.

내가 네 행위를 아노니
네가 차지도 아니하고 뜨겁지도 아니하도다
네가 차든지 뜨겁든지 하기를 원하노라
계3:15

기독교인은 믿음의 열정을 품던지, 냉정한 의문을 품던지 뚜렷한 신앙인의 태도를 결정해야 했습니다. 우유부단한 기독교인들에게 결단력 있는 믿음을 요구했던 사도 바울이었습니다. 뜨겁던지 차갑던지 둘 중의 하나였습니다.

예수제자학교
JESUS DISCIPLES SCHOOL

02

뜻하지 않은 부르심

우리가 알거니와 하나님을 사랑하는 자
곧 그의 뜻대로 부르심을 입은 자들에게는
모든 것이 협력하여 선을 이루느니라
롬 8:28

믿음의 제련과정

불신은 찰거머리 같았습니다. 지독히도 신앙인들을 괴롭히던 심리적인 현상이었으며, 초대받지 못한 불청객이었습니다. 믿음과 불신은 동전의 앞뒤면과도 같았으며, 양날의 검과도 같이 작동했습니다. 믿음의 칼날이 세워져 있지 않으면, 불신의 날이 세워질 수밖에 없는 것이 우리의 삶이었습니다.

기독교인들은 불신에 사로잡혔던 일 때문에 스스로 자괴감에 빠져 있던 시간도 많았습니다. 불신 속에 갇혀 있는 내 모습을 보며, 수십 년간 신앙생활을 했어도 쉽게 무너졌던 연약했던 믿음 때문에 눈물을 흘릴 수밖에 없었습니다. 하지만 훗날 믿음과 불신은 양날의 검이라는 것을 이해했습니다. 불신의 시간이 없으면 내 믿음은 더욱 단단하게 제련될 수 없다는 것을 알았습니다. 믿음의 조상 아브라함도 숱한 불신의 시간을 넘어 믿음의 사람으로 변화했습니다. 아브라함은 하나님께서 명령하셨던 갈대아 우르를 떠나 가나안땅으로 향했던 나이는 75세였습니다. 그는 하나님의 명령을 직접 듣고도 순종하지 않았으며, 그 당시에 살기 좋았던 하란 땅에 조카 롯과 함께 머물고 있었습니다. 하나님께서 아브라함에게 다시 약속하신 이후에야 길을 떠났습니다.

너를 축복하는 자에게는 내가 복을 내리고
너를 저주하는 자에게는 내가 저주하리니
땅의 모든 족속이 너로 말미암아 복을 얻을 것이라
창11:3

아브라함은 하나님의 말씀을 듣고도 확실한 믿음이 없어 하란 땅에서 머뭇거렸습니다. 전혀 가본적이 없는 가나안땅으로 나아가야 했던 그의 두려움을 이해할 수 있지만, 믿음의 조상 아브라함이라는 명성과 비교해서는 이해하기 힘든 행동 성향이었습니다. 믿음이 연약한 내 모습과도 너무 비슷했습니다. 살던 지 죽던 지 모든 게 하나님의 뜻이라는 믿음만으로, 오직 강건한 신앙생활을 꿈꾸었지만 불신은 매번 불청객처럼 찾아왔습니다. 의심은 가랑비처럼 조금씩 마음을 적실 때도, 소나기처럼 인정사정없이 쏟아질 때도 있었습니다.

다행스럽게도 믿음의 선배들은 불신의 지점을 신앙생활의 성장과정으로 묘사했습니다. 불신의 마음을 이겨내지 못했을 때에는 큰 문제가 되겠지만, 믿음으로 의심을 이겨낼 때에는 영적 성장의 발판으로 기대했습니다. 불신은 하나님께서 우리의 믿음을 키워내기 위한 시험대였습니다.

나는 신앙생활을 오래했어도, 반복해서 믿음과 불신의 세계를 오고갔습니다. 매우 성가신 일이었습니다. 믿음을 품고 있다가 불신이 찾아오고, 겨우 극복하면 또 찾아오던 매우 성가신 불청객이었습니다. 불신이 찾아오는 것은 마음 속 깊은 곳에 자리 잡고 있던 죄성이 사라지지 않았기 때문이라는 생각도 들었습니다. 이러한 영적 체험은 스스로 불신에 빠지지 않도록 경계심을 품게 만들었으며, 다시금 하나님나라로 애써 들어가려는 믿음의 생각과 행동을 만들어냈습니다.

나는 세계적인 기독 작가인 필립 얀시도 동일한 문제로 고민했다는 것을 알았습니다. 그의 책에서 다루었던 간증내용이었습니다. 그는 유명한 목회자였고 오랫동안 기독서적을 저술했던 분인데도 〈아, 내 안에 하나님이 없다〉에서 솔직한 심경을 드러냈으며, 나는 몇 차례 반복해서 그분의 책을 읽었습니다. 청교도주의를 내세웠던 미국 여류 시인인 에밀리 디킨슨의 말을 인용하여 믿음과 불신의 세계를 반복해서 오고가던 자신의 신앙생활을 낱낱이 고백했습니다.

"우리는 한 시간에도 수백 번씩 신앙과 불신앙 사이를 오간다. 그리고 이로써 믿음은 예리하게 날이 세워진다."

(아, 내 안에 하나님이 없다 中에서)

필립 얀시는 불신앙의 영역을 수시로 오고가는 이유를 예리한 믿음의 칼날을 세우기 위한 것이라고 설득했습니다. 날카로운 믿음의 칼날은 계속하여 두드리고 담금질해야만 하듯이, 우리는 믿음과 불신의 세계를 오고가며 날카롭게 다듬어져야만 했습니다. 다행스럽게도 기독교인들은 믿음과 불신의 영역을 떠돌아 다녀도, 결국 믿음의 영역으로 돌아설 것이라며 위로했습니다. 때가 되면 제자리를 찾아갔습니다.

영적 갈등과 불신

기독교가 가짜 종교처럼 느껴진 일은 없었던가요? 하나님의 실존에 대해 의심을 품었던 적은 없었나요? 한동안 설교를 듣고 예배를 드렸는데, 신앙성장은 없고 기독교인들에 대한 불신만 더욱 커졌습니다. 이런 현상은 교회 내에서 종교 지도자들의 삶의 행실이 큰 원인이었습니다.

말은 번지르르 한데 삶의 행실은 말과는 전혀 다른 차원이었습니다. 종교 지도자의 신분에 맞게 살아가는 일이 힘들고 어렵겠지만, 하나님께서 맡기신 양떼를 잘 양육하고 이끌어야만 할 목자였습니다. 가난하고 힘든 사역을 감당하는 헌신적인 분들도 있었지만, 성추행과 도박과 재정비리 등 부당한 행실문제가 불거진 사람들도 있었습니다. 이런 문제에 대해 한국성서대학교의 이민규 교수는 권력중독자에게 오는 도파민 과다분출 현상을 원인으로 지적했습니다. 권력욕이라는 것은 상대방을 지배하려는 힘의 세기였으며, 자신의 외모가 못생긴 사람일수록 권력욕을 추구하는 반면, 잘생긴 사람은 그 얼굴 자체로서 권력을 행사한다는 주장이었습니다.

권력중독자들에겐 도파민이 과도 분출되는 현상이 관찰되는데, 그들의 뇌는 바로 이런 쾌감에 아예 중독된 현상을 보인다. 과다한 도파민으로 거만해지고 공감능력을 상실하며 사치를 즐기고 도박 욕구와 섹스의 충동이 높아지는 것이다.

(이민규, 외부칼럼 中에서 발췌)

권력욕에 빠지기 쉬운 종교 지도자들에게 드러났던 이상 징후 현상이었습니다. 성격은 거만해지고 다른 사람들과의 공감능력을 잃어버리고 사치와 도박과 섹스의 충동에 사로잡혔습니다. 세상 사람들보다도 더욱 심각한 권력중독 현상에 휩싸였습니다. 우연히 어떤 목회자가 쓴 참회록을 접했는데, 진심어린 회개보다는 역겨운 참회록에 가까웠습니다.

나는 목사입니다. 나는 한국기독교를 대표하는 기관의 수장이 되려고 돈을 썼습니다. 금권선거를 했습니다. 그리고 총회를 위해 각 교단 대표로 파송된 실행위원들에게 돈을 주었습니다.

나는 목사입니다. 나는 내가 시무하는 교회 여성을 성추행했습니다. 나중에 여 교인들이 나를 고소했지만 나는 그것을 부인했습니다. 세상법정으로 가는 길에 나의 비행 일부를 인정하는 결론을 내렸지만, 나는 눈 딱 감고 이전의 정치목사들이 알려준 대로 무조건 발뺌했습니다. 그리고 노회의 다른 목사들에게 장로와 교인들이 나를 모함해서 그런 것이라고 말했습니다. 그래서 나는 뻔뻔해졌습니다.

(어느 목사의 참회록 中에서)

기독교계의 종교 지도자가 쓴 글이었습니다. 종교 지도자의 행실은 금권선거, 성추행과 부인, 거짓말 등 온통 부패한 종교적인 실상이었습니다. 나는 예전에 대학을 입학하며 지독한 불신에 사로잡혔던 일이 있었습니다. 세상의 신은 죽었다며 무신론에 깊이 빠졌으며, 신앙생활을 시작한 지 몇 년이 되지 않았을 시점이었습니다. 교회의 종교 지도자와 결부된 불륜설에 얽매인 여전도사의 추방사건을 보며, 기독교 신앙에 대한 깊은 불신을 느꼈습니다. 이런 현상은 세상적인 가치관에 얽매여 있던 종교 지도자를 만났을 때의 역한 감정, 또는 이기적인 기독교인을 만났을 때의 혐오감과도 같았습니다.

세상적인 유혹 앞에 서 있을 때에, 대부분 영적으로 실패할 수밖에 없는 무게감이 기독교인의 현실이라는 점에서 나를 짓

눌렀습니다. 오랜 갈등 후에야 바리새인과 같은 종교 지도자가 아닌 예수 그리스도를 본받아야만 하는 것이 기독교 신앙의 본질임을 깨달았습니다. 기독교인은 사람이 아닌 예수를 의지하며 살아가는 사람들이었습니다. 예수 그리스도를 향해 자신의 시선과 생각을 집중하고 그분을 의지하며, 가나안 땅을 향해 걸어가던 나그네 인생이었습니다.

하나님을 아는 지혜

우리는 하나님에 대해 얼마나 이해하고 있을까요? 구체적으로 그분에 대해 얼마나 알고 있을까요? 시편기자는 34편 8절에서 "너희는 여호와의 선하심을 맛보아 알지어다."라며 권면했습니다.

나는 하나님의 실체가 궁금해서 백과사전을 꼼꼼히 살펴 본 일이 있었습니다. 하나님은 어떤 시각에서 설명되고 있으며, 그분의 실체에 대해서는 어떻게 진술되고 있는가에 대한 궁금증 때문이었습니다. 또한 내가 막연히 창조주, 전능하신 주, 거룩하신 주와 같은 그저 개념적인 이해에서 벗어나, 그분을 구체적으로 체험하며 그분에 대해 알고 싶었습니다. 내가 사전에서 찾아냈던 하나님에 대한 이해의 전말이었습니다.

하나님은 아브라함계열의 종교에서 유일신을 뜻하는 단어이며, 하느님의 변형된 형태이다. 하나님은 유신론에서 최고 절대자를 지칭하며, 창조신(God)을 지칭할 때에 사용하는 용어이다. 다른 형태의 동의어는 하느님이며, 개신교에서 표준어로 사용하고 있다.

(백과사전 中에서)

우리나라에서 '하나님'이란 용어를 처음 사용한 것은 존 로스 선교사가 번역했던 〈예수성교 누가복음전서〉였습니다. 로스 선교사는 그 당시 선교보고서에서 '하늘heaven'과 '님prince'의 합성어였던 하느님이 가장 적합한 용어여서 선택했다는 절대권자의 명칭에 대한 유래였습니다. 선교과정에서 사용했던 하느님을 개신교에서는 '하나님'으로 변경했습니다. 사람들은 사전적인 의미를 통해서 하나님의 살아계심에 대한 이해가 충분한가였습니다. 나는 전혀 아니라는 판단이 들었습니다. 백과사전에서 이해했던 하나님은 매우 단편적이었습니다.

하나님은 유일신을 주장하는 아브라함계열의 기독교에서 쓰는 표준어이며, 최고 절대자를 지칭하는 창조주에 대한 용어이다.

이게 사전적인 의미에서 발견했던 하나님에 대한 보편적인 이해였습니다. 하나님에 대한 객관적인 설명에서 벗어나지 못했으며, 개별적인 신앙체험과는 거리감을 느낄 수밖에 없었습니다. 성경에서도 하나님을 체험하는 방법은 그가 만드신 만물을 통한 영원하신 능력과 신성(롬1:20)을, 그분의 말씀인 성경을 통한 계시(출3:14)를, 그리고 그분의 아들이신 예수 그리스도(요14:6-11)를 통한 하나님의 성품이었습니다.

나는 고등학교 때에 어떤 자매님의 인도로 예수님을 처음 만났으며, 그 자매의 인도를 따라 난생 처음 교회를 갔습니다. 예수가 누구인지, 기독교가 어떤 신앙인지에 대한 이해가 전혀 없는 상태였습니다. 우리 집은 엄격한 유교집안이었으며, 조상신을 숭배하던 전통적인 시골부호였습니다.

잠시 교회를 다니다가 대학입학 후에 거침없이 세상 쾌락을 찾아서 떠났습니다. 하나님의 존재에 대한 영적 체험도 없었으며, 그분의 임재를 내 삶에서도 전혀 느껴볼 수가 없었습니다. 하나님에 대해서도, 성경에 대해서도 아는 것이 거의 없는 무지한 상태였습니다.

그때까지 기도의 응답을 체험해 본 경험도 없었습니다. 눈앞에 보이지도 않던 하나님은 너무 추상적이고 막연한 분이었으며, 점점 불신의 늪에 붙잡혔습니다. 실체가 없는 하나님의 존재를 내세워 마치 창조주가 실존하는 것처럼 사이비 종교집단과 같이 사람들을 현혹하고 있는 것이 기독교의 실체라고 인식했습니다. 사람들이 입술로 고백했던 믿음의 간증들은 그저 우연히 일어난 경험적인 사건일 뿐이었습니다. 눈에 보이지도 않는 하나님의 실존을 인정하는 사람들, 세상 적응력이 떨어져서 현실에는 존재하지도 않는 이상적인 세계를 상상력으로 붙잡고 있는 이상한 부류의 집단이라고 취급했습니다.

마음에선 불신적인 생각들이 나를 무신론으로 이끌었습니다. 하나님과는 점점 거리감을 둔 침울하고 암울한 세계를 탐닉했으며, 세상 희망은 점점 사라지고 절망 속으로 사라지던 죽음의 세계가 삶의 전부라고 이해했습니다. 내 입술에는 하나님의 존재를 완전히 거부했던 탄성들이 흘러나왔습니다.

"신은 죽었어, 신이 살아있으면 이럴 수는 없는 거야!"

내가 대학생 때에 토해냈던 절규였습니다. 이후 쾌락적인 세상으로 빠져들었으며, 온갖 거짓말과 자기중심의 이기적인 행동을 선택했고 기독교인으로 지켜야만 할 실천적인 덕목들은 어디에서도 발견할 수가 없었습니다. 그러니 내 생명의 구원이 되신 예수님은 뒷전이었으며, 마음 속 어느 곳에도 하나님의 자리는 없었습니다.

나는 끔찍할 정도의 무신론에 빠져 허덕이며 하루하루 세상을 살아갈 뿐이었습니다. 희망도 꿈도 잃어버린 상태에서, 그저 대학 졸업 후 먹고사는 일에만 관심을 두었습니다. 내 인생에서 하나님을 떠나 스올과 같은 사망의 골짜기를 걷고 있던 방탕한 시기였습니다.

예수제자학교의 영성훈련

죽어서 거룩하신 하나님 앞에 가면 어떤 기분이 들까요? 내가 살아왔던 삶의 궤적에 대한 부끄러움으로, 온통 전신에서는 회개의 눈물이 흘러내릴 것만 같았습니다. 그렇다면 이 땅에 살면서 하나님 앞에서 면접시험을 본 것과 같은 경험을 했던 일은 있습니까? 세상적인 면접시험은 유능한 인재를 뽑고 그 능력을 활용해서 이익을 취하려는 것이 목적이었습니다. 기업이든 공공기관이든 자신들의 조직발전을 위해 충성스럽게 일할 수 있는 인재를 선호했습니다.

그러나 예수제자학교의 입학생 선발은 다른 관점이었습니다. 나는 2017년 2월 겨울이 거의 끝나가던 시기에 예수제자학교의 면접관들 앞에 다소곳이 앉아 있었습니다. 면접관들은 예수제자학교[JDS]의 담임목사님과 선배기수였습니다. 담임 목사님은 온누리교회의 전임사역자였으며, 선배들은 예수제자학교를 먼저 이수하고 몇 년씩 제자양성을 위해 헌신하고 있던 신앙인들이었습니다. 하나님나라의 사명을 갖고 자기인생을 제자양성에 헌신했던 평신도 사역자들이었습니다.

예수제자학교는 내 인생의 분기점이었습니다. 1년간의 제자훈련프로그램을 이수했지만, 지금까지 신앙적으로 나를 지탱하던 세상욕망을 내려놓을 수 있도록 이끌어준 것은 예수제자학교였습니다. 나는 세상적인 탕자의 삶을 온전히 매듭짓고 영적 가치를 추구하는 자녀의 삶으로 돌아갈 것을 결단했습니다. 세상에서 탐닉하고 즐겼던 권력과 부, 명예와 관련된 이기적인 욕심을 송두리째 내려놓고 그 자리에 예수 그리스도를 올려놓고자 결심했습니다. 영성적인 삶을 기대했습니다.

기독교인은 다양한 삶의 유형을 취하고 있어도, 그 마음의 중심에는 언제나 하나님이 계셨습니다. 기독교인의 영성은 "하나님을 믿고 거듭난 모든 자녀들에게 주어진 영적 성품"이었습니다. 그래서 영성훈련은 하나님을 믿고 거듭난 자녀들의 성품훈련이었으며, 이러한 영성훈련을 위해 예수는 "나를 따르라.", 또는 "와 보라."며 제자들을 부르셨습니다. 예수께서 제자들을 먼저 찾아가서 직접 선발할 때에도 수많은 무리들 중에서 따로 불러 세우셨습니다.

그렇다면 예수님께서 제자들을 선별했던 구체적인 기준은 무엇일까요? 제자들의 선별기준은 우수 입학생 선출을 위한 객관적인 평가기준은 절대 아니었습니다. 예수제자학교의 객관적인 선발기준이 있었다면, 나는 예수제자학교에 절대로 들어갈 수가 없었을 것입니다. 그때에 온누리교회 예수제자학교(JDS)의 교무팀장님으로부터 입학 통지 메일을 받았습니다. 마침내 예수제자학교에서 1년간 영성훈련을 받을 수 있는 입학시험을 통과했습니다. 예수께서 제자들을 부르신 것처럼 예수제자학교의 신앙훈련으로 나를 부르셨습니다.

입학을 축하드립니다. 예수제자학교를 통해 정말 살아계신 하나님을 성도님의 삶 가운데 만나고 경험하셔서 진정 예수의 제자된 삶을 살아갈 수 있도록 함께 기도하겠습니다!

(예수제자학교의 합격메일 中에서)

03

엄격한 신앙훈련

아버지께 참되게 예배하는 자들은
영과 진리로 예배할 때가 오나니 곧 이 때라
아버지께서는
자기에게 이렇게 예배하는 자들을 찾으시느니라
하나님은 영이시라
예배하는 자가 영과 진리로 예배할지니라
요4:23-24

늦깍이 입학생

하나님을 아는 것의 끝은 어디이며, 그분에 대해 알고 있는 것은 어느 정도나 될까요? 영성훈련은 이성적인 배움일까요? 아니면 인격수양을 위한 마음의 수련일까요? 나는 나이 오십세가 되어서야 예수제자학교의 훈련생으로 들어갔습니다. 삶의 무기력함을 느끼며 예수 그리스도를 다시 찾았습니다.

늦깍이 훈련생이었습니다. 그런데 나보다도 나이 많은 형제자매들이 많았습니다. 섬기는 교회는 춘천에 있었고 직장은 여의도 근처의 정부산하기관이었으며, 가족들은 필리핀으로 유학을 떠나있던 기러기 아빠였습니다. 매주 일요일이면 어김없이 주일예배를 섬기려고 서울 대방역 근처에서 춘천소재의 교회까지 오고갔습니다.

내가 생각해도 타 교단 출신의 교만하고 건방진 훈련생이었습니다. 예수제자학교를 지원할 때에는 제대로 해결 받지 못했던 죄의 문제들이 남아 있었으며, 하나님에 대한 친밀감은 크게 높지는 않았습니다. 조금만 외부 충격을 주어도 한순간에 깨어지고 흩어지던 유리병과 같은 믿음이었습니다. 선배들은 예수제자학교의 훈련기간에 사탄마귀의 공격이 더욱 신랄해 질것이라며 경계심을 촉구했습니다. 선배들은 사탄마귀의 유혹에 넘어가지 않도록 영적 경계심을 철저하게 품고 있으라며 권면했습니다.

인류역사상 사탄마귀의 유혹에 넘어갔던 최초의 인간은 하와였습니다. 에덴동산에서 하나님의 명령을 어기고 사탄마귀의 유혹에 보기 좋게 넘어가서 동산중앙의 선악과를 따먹었습니다. 하나님의 명령을 어긴 죄는 불순종을 낳았습니다. 사탄마귀는 하나님과 인간이 서로 가까워지는 것을 무척 싫어했으며, 인간은 수천 년에 걸쳐 사탄마귀의 종노릇을 했습니다. 요한계시록에는 인류 최후의 날인 아마겟돈 전쟁까지 사탄마귀와의 끝없는 영적 전쟁을 경고했습니다. 사탄마귀의 유혹은 늘 경계하지 않으면 언제이든 우리를 영적 싸움 속으로 끌고 들어갔습니다.

선배들의 권고는 예수제자학교의 입학을 놓고 하나님의 명령과 부르심에서 어긋난 행동을 하지 말라는 뜻이었습니다. 이 땅에 성육신하셔서 사탄마귀의 유혹을 이겨내신 예수 그리스도의 이름으로 영적 전쟁에서 승리할 것을 주문했습니다. 예수제자학교는 제자도를 훈련하는 영성훈련 코스이기 때문에, 반드시 영적 전쟁을 치르게 될 것이라는 주의 깊은 경계심을 요구했습니다. 나는 늦깍이 입학생으로 예수제자학교에 들어간 만큼 사탄마귀의 유혹은 더욱 거세질 것이란 경계심을 품었습니다. 매일 하나님과 친밀해지기 위해 기도의 단을 쌓으며, 예수제자학교를 마치는 날까지 경계심을 풀지 않고자 했습니다.

설익은 유혹

사람들은 성격적인 장점과 결함을 함께 갖고 있었습니다. 사람들이 갖고 있는 성향도 외향성과 내향성으로 구별했으며, 개별 성향에 따른 에너지 충전방식은 달랐습니다. 외향성은 다른 사람들과 함께 어울려야 정신적 · 신체적 에너지가 충전되는 성향이라면, 내향성은 쉼을 얻고 고요함 속에 놓여 있을 때에 에너지를 충전했습니다. 사람들마다 에너지 충전 방식은 차이를 보였습니다.

나는 내향적이었습니다. 사람들과 어울리는 것을 무척 부담스럽게 여겼으며, 홀로 집에서 책을 읽거나 글을 쓰는 것이 좋았습니다. 낯선 장소에서 낯선 사람들과의 즉흥적인 교제를 크게 좋아하지는 않았습니다. 새벽부터 깨어나 하루 종일 책을 써도 쉽게 지치지는 않았어도, 낯선 사람들과 만나서 교제하는 것은 엄청난 에너지를 쏟아 부어야만 했습니다. 다른 사람들과의 만남은 상대적인 부담감이 컸습니다. 사람들과의 친화성, 다시 말해 사회성이 부족했습니다.

또한 소심한 성격이었습니다. 깊은 피해의식 때문이었는지 학연, 지연, 혈연 등에 대한 강한 거부감을 갖고 있었습니다. 사람들과의 관계에서 개인정보를 물어보는 일에 대해 심란한 반감의식을 갖고 있었으며, 별로 내세울 것도 마땅하지 않은 인생 경력 때문인지 자괴감을 달고 살아야만 했습니다. 성장기의 가정환경 탓에 인간관계에 대한 두려움과 소극적인 행동 성향을 드러냈습니다.

나의 치명적인 약점이었습니다. 새로운 인관관계 형성은 미리 겁부터 집어 먹고 쉽게 마음의 문을 닫았습니다. 이 말은 다른 사람들과의 낯선 교제를 별로 좋아하지 않았으며, 마음의 문을 열고 열정적으로 교제하는 것도 크게 달가워하지 않았습니다.

나는 예수제자학교의 입학을 앞두고 사탄마귀가 취약한 성격을 이용해서 마음껏 공략할 가능성이 높아 보였습니다. 그래서 입학 전부터 제자학교의 훈련일정과 훈련기간, 교제할 형제자매들을 놓고 기도의 단을 쌓았습니다. 성격적인 결함을 잘 이겨내며 형제자매들과도 사이좋게 지내는 일이었습니다. 갈등상황이 발생하지 않고 예수 그리스도 안에서 좋은 인간관계를 유지할 수 있도록 기도했습니다.

예수제자학교는 서빙고를 기점으로 지역갬퍼스를 운영했습

니다. 온누리교회의 지역캠퍼스는 예수제자학교로 시작해서 예수제자학교로 끝난다는 말도 들려왔으며, 신앙훈련 과정은 평신도 영적 성장의 최고봉이라는 평가였습니다. 연도별 기수 배출 과정에서도 주간반과 야간반의 차이가 있었으며, 나는 야간반의 훈련생이었고 주간반과는 달리 형제자매들이 함께 모여서 신앙훈련을 받았습니다. 스텝들은 거의 매일 예수제자학교의 행사와 훈련과정을 위한 중보기도팀을 운영했으며, 나는 예수제자학교 18기 야간반 6조였고 다섯 명의 형제들이 훈련을 받았습니다. 우리 팀은 〈예수제자 185F〉라는 팀 명칭을 사용했으며, 영성 좋은 형제들이 같은 팀이었습니다.

하지만 예수제자학교의 입학 전부터 시간적인 압박이 직장 내에서 밀려왔습니다. 입학식을 열흘 정도 남겨놓았을 시점이었습니다. 내가 근무했던 정부산하기관의 연구원에는 갑작스러운 일본 사절단의 방문과 회의 준비 등 새로운 일들이 터졌으며, 사전 계획에도 없었던 사건들이 연거푸 일어났습니다. 너무 바쁜 날들이 지속되었습니다. 낯선 일들이 쏟아지며 예수제자학교의 이수에 대한 불안감은 커졌으며, 입학식을 앞두고 하나둘 씩 복잡한 일들이 발생하며 신앙훈련 여건은 꼬여갔습니다.

그래서 나는 하나님의 뜻을 알고자 기도했습니다. 예수제자학교를 포기하는 것이 하나님의 뜻인지, 한시적인 시험인지를 깨닫기를 원했습니다. 기도 중에 하나님께서 예수제자학교 이수를 위한 확고한 결심과 다짐을 받으시려는 것을 깨달았습니다. 예수제자학교의 신앙훈련 시간들이 번거롭다는 핑계를 붙이거나, 전혀 은혜가 안 된다는 핑계를 대고 도피할 것만 같았던 성격을 잘 알고 계신 하나님이셨습니다.

그때였습니다. 하나님은 나에게 확고한 믿음의 결단을 원하신다는 마음이 밀려왔습니다. 나는 현 직업을 포기하는 일이 있어도 예수제자학교를 꼭 이수하겠다는 결단을 내렸습니다. 하나님은 신앙훈련 과정을 철저하게 이수할 것을 다짐받으셨으며, 더 이상의 변명과도 같은 이유는 불필요했습니다.

실패한 사람들의 인생학교

인생 실패자들, 거룩한 삶을 살아가는데 실패한 사람들이 모여 앉았습니다. 한 마디로 예수제자학교의 훈련생들은 관훈클럽에 소속된 사람들처럼 성공자가 아닌 실패자의 씁쓸한 인생 학교이기도 했습니다. 나는 전국문학지에서 시인도 작가도 등단한 문학경력을 갖고 있었습니다.

하지만 직장생활은 엄청난 거부감에 휩싸였습니다. 전문가 집단을 비전문가 집단이 지배하는 비정상적인 정부조직 문화를 온 몸으로 느껴야만 했습니다. 연구경험이 없는 직원들이 전문가 집단의 연구과정과 결과를 감독하는 시스템은 정말 이해하기 힘들었습니다. 마치 초등학생들이 대학생들에게 과외를 가르치는 것과 같은 비정상적인 행태였습니다. 연구경험이 전혀 없거나 미천했던 일반직들이 연구원장으로 위촉 받아 왔으며, 일반직 중심의 지배구조를 형성하고 있는 갑질 문화가 만연화된 개념 없는 정부기업이라는 생각에 사로잡혔습니다.

엄청난 반감의식을 느껴야만 했습니다. 이런 나를 예수님은 예수제자학교로 부르셨습니다. 내가 서 있던 곳, 또는 내가 살아왔던 삶의 테두리에서 벗어나 예수의 은혜를 직접 체험할 수 있도록 예수제자학교로 부르셨습니다. 예수의 부르심은 놀라운 인생 반전사건이기도 했습니다. 그분의 부르심은 세상에서 박사학위를 받던 날도, 대학의 산업체 전임강사로 채용되던 날도, 공공기관 연구원으로 채용되던 날도, 시인과 수필작가로 등단하던 날도 비교할 수 없는 반전사건이었습니다.

삼월 초의 따뜻한 봄이었습니다. 얼어붙었던 대지를 따사로이 녹이던 간이계절이었습니다. 우리는 교회의 예배공간에 모여 있었고, 훈련생들 사이에는 침묵을 타고 경건의 분위기가 흘러갔습니다. 신앙훈련을 시작하기 며칠 전에 형제들과는 서빙고 지하식당에서 팀 간사님의 초대로 식사모임을 나누었습니다. 비슷한 연령대의 사회적인 경험을 갖고 있던 형제들이었습니다. 그러나 제자훈련 첫 날부터 형제들의 입에선 졸업이수를 걱정하던 볼 멘 목소리들이 새어 나왔습니다. 신앙훈련 첫날부터 졸업을 걱정하던 분위기였습니다.

"예수제자학교 훈련을 이수하는 게 만만하지 않다는데요."

"예, 저도 들었어요. 제 아내는 지난해에 예수제자학교를 이수했어요. 과제도 많고 해외 아웃리치를 가야하는가 봐요."

"그래도 입학을 했으니 졸업은 하겠지요."

"훈련강도가 만만치 않다는데요. 엄청 빡셀 것만 같아요."

"많은 사람들이 예수제자학교에서 훈련을 받고 인생전환기를 맞이했다며 간증한데요."

모두들 예수제자학교의 신앙훈련에 대한 이야기를 어디에서 듣고 온 것만 같았습니다. 아내가 먼저 신앙훈련을 받고 은혜가 넘쳐서 후속주자로 예수제자학교를 들어왔다던 형제들도 있었습니다. 나는 예수제자학교의 입학 전에 온누리교회의 제2기 전문인선교훈련학교[OPMS]를 이수했으며, 이후에도 스텝으로 2년간을 섬겼습니다. 나에게 전문인선교훈련학교는 국내외 선교사역에 대해 새롭게 눈을 뜰 수 있는 좋은 기회였습니다.

하나님께서 주신 사명감을 일깨우던 신앙훈련 코스였습니다. 함께 훈련받았던 분들 중에는 두란노 해외선교원 팀(TIM)에서 해외선교사로 파송 받았습니다. 전문인선교훈련학교는 평신도 예비 선교사를 키워내던 신앙훈련 코스였습니다. 그때에 주변에서 함께 훈련받았던 분들, 함께 훈련생을 섬겼던 분들이 예수제자학교를 추천했으며, 평신도들 사이에서 예수제자학교의 영성과 명성은 신앙훈련의 정점이었습니다.

하지만 입학식 행사에서 내게 들려왔던 말은 세상에서 실패한 사람들이 찾아오던 인생 학교였으며, 사회에서 산전수전을 모두 겪었던 실패한 사람들의 인생 종착지였습니다. 나는 그 말을 듣고 케빈 드영의 〈구멍 난 거룩〉을 생각했습니다. 더 이상 세상에서 의지할 곳이 없는 사람들, 위기의 순간을 맞이하고 표류하고 있는 실패한 인생 경험을 갖고 있는 기독교인들의 훈련공동체였습니다. 우리를 구원하신 하나님의 은혜가 없으면 구제불능의 죄인들이었습니다.

우리는 모두 구제불능의 죄인들이다. 하나님을 기쁘시게 하기 위해 할 수 있는 일은 아무것도 없다. 진정으로 겸손하고, 순전하고, 순종적인 사람은 아무도 없다. 때문에 경건을 추구하다보면 반드시 죄책감을 느끼게 된다. 그래서 우리가 할 수 있는 일은 오직 예수를 붙드는 것임을 발견하게 된다.

(캐빈 드영, 구멍난 거룩 中에서)

우리가 예수를 붙드는 일은 생애의 마지막 선택과도 같았습니다. 세상중심의 삶을 붙잡고 살다가 실패한 인생이 되어, 죄책감을 껴안고 예수를 붙잡기 위해 찾아온 사람들이었습니다. 하나님을 기쁘시게 할 선한 것은 없었으며, 온통 구제불능의 죄인들이었습니다. 우리에게 하나님 앞에 나아갈 수 있는 구원의 통로를 마련해 주신 분은 예수였습니다.

예수제자학교는 거룩함과는 거리가 먼 사람들, 기독교인답지 않은 생각과 행동을 일삼던 세상적인 사람들이 슈퍼영성을 지닌 사람들로 거듭나던 인생 학교였습니다. 믿음의 커다란 바람구멍을 갖고 있는 사람들이 거룩한 존재로 거듭나던 영성훈련 학교였습니다. 예수께서 구멍 난 나를 이곳으로 부르셨습니다.

세상 욕심의 포기선언

내가 하는 일마다 성공만한다면 얼마나 좋겠습니까? 나는 하나님 덕분에 늘 성공이라는 인생 이정표를 꼬리표처럼 달고 살 줄 알았습니다. 그분께서 내 삶의 모든 행보를 개척하시며, 나를 정상의 자리에 올려놓으실 것이라고 믿었습니다.

비록 말투도 어눌하고 전형적인 시골 출신이어도, 겉모습은 도시형 남자와 같이 뺀뺀스럽게 생겼다는 말도 많이 들었습니다. 하지만 걸어가는 길마다 사막이고 광야였으며, 온통 실패 투성이였습니다. 생활터전의 이동도 많았습니다. 대관령 산촌 마을에서 춘천으로, 동해안 강릉으로, 삼척으로, 서울로, 필리핀으로, 다시 원주로 옮겨 다녔습니다. 과거에는 강원도내의 대학에서 대학교수로서 생활하고 싶었지만, 끝내 여의도 근처의 정부산하기관에서 연구원으로 근무했습니다. 그때에는 잠시 서울에서 생활하다가 다시 돌아갈 작정이었지만, 대학교수의 문은 빗장을 걸어 잠그듯이 닫혀 있기만 했습니다.

이때에 나는 서울 대방동 근처에 살며 매일 한 시간씩 골목길을 걸어서 출퇴근했습니다. 몇 년 째 쉬지 않고 골목길을 걸어서 출퇴근했으며, 그 길은 하나님과 교제하며 기도의 단을 쌓아가는 축복의 행보였습니다. 매일 기도의 단을 쌓을 수 있었던 것은 하나님께서 나의 기도를 열납하고 계신다는 믿음의 확신 때문이었습니다. 점점 출퇴근 시간을 구별해서 하나님과 교제하던 시간을 늘려나갔습니다. 하나님과의 깊은 영적 친밀감을 누릴 수가 있었습니다.

매일 한 블록씩 골목길을 걸어갈 때면 하나님의 영광과 은혜, 회개와 중보기도, 가족들과 내 인생을 위한 기도의 단을 계속 쌓아갔습니다. 하나님과의 영적 교제를 통하여 세상적인 마음을 씻어낼수록 내 삶의 중심에선 놀라운 변화가 일어났습니다. 세상적인 욕심은 사라지고 그분의 뜻에 맞추어 살겠다는 믿음의 결단들이 자리를 잡았습니다. 그때에 함께 근무했던 크리스천 동료와의 대화였습니다.

나는 세상 욕심이 다 사라졌어요. 이상하게 내가 품고 있었던 출세 의욕과 명예욕과 권력욕과 부의 욕심이 눈 녹듯이 사라졌어요. 그런데 전혀 걱정이 되지 않고 앞으로 내 인생을 인도하실 하나님 손길이 더욱 기다려져요. 어떻게 된 일인지 나도 자세히는 잘 모르겠지만, 지금 나의 상태는 세상 욕심과는 결별하고 새로운 꿈을 꾸고 있는 게 분명해요.

하나님을 깊이 만나면 삶의 가치관은 점점 변했습니다. 세상적인 욕심보다는 하나님나라의 의를 먼저 구했으며, 스스로 변하고 있는 놀라운 사실을 직감했습니다. 내적 변화였습니다. 하나님중심으로 살겠다는 신앙적인 다짐과 행동의 결과였습니다.

친밀한 영적 교감

우리는 어떤 인도함을 받고 싶습니까? 시온의 대로와 같은 넓은 길, 또는 쉴만한 물가에 쉬는 것과 같은 평안한 길을 인도받고 싶은가요? 내가 갖고 있던 궁금증은 범사에 하나님과 동행하는 일이었습니다. 어떻게 하면 삶 전체에서 하나님의 인도함을 받을 수 있을까에 대한 영적 호기심이었습니다.

하루 일과 중에도 하나님과의 영적 교제를 늘려가고자 시도했습니다. 사소하고 별 볼일 없는 일들도 하나님께 물어보는 일이었습니다. 이런 시도의 밑바탕은 잠언 3장 6절 말씀이 근거였습니다.

너는 범사에 그를 인정하라 그리하면 네 길을 지도하시리라

잠3:6

범사에 하나님의 인도하심을 받는 인생은 그분을 인정하는

것이 신앙적인 전제였습니다. 매순간 하나님을 인정할 때에, 네 길을 인도하시는 하나님이셨습니다. 나는 성경 말씀을 하나님의 음성으로 받았습니다. 그리고 사소한 일에서도 하나님과의 대화를 시도했습니다. 처음에는 나 혼자 질문하고 내 안의 자의식이 답변하는 대화라고 여겼지만, 조용히 묵상하며 심령을 들어다보며 하나님의 음성을 분별했습니다. 처음에는 확신이 없었는데, 시간이 흘러갈수록 내 안에 계신 성령하나님의 음성이라는 감동을 누렸습니다.

"하나님, 제가 별도의 신앙훈련을 더 받을 필요가 있을까요?"

"그래, 그렇단다."

"그럼, 온누리교회에서 신앙훈련을 더 받을까요? 아니면 다른 곳에서 신앙훈련을 받을까요."

"온누리교회에서 더 받아라."

"그럼 어떤 신앙훈련을 받을까요? 전문인선교훈련을 받았으니, 예수제자학교를 입학할까요?"

"그래 제자훈련을 받아라."

"그러면 제가 신앙훈련을 받기 위해 준비해야 할 것은 없을까요?"

"폭넓고 다양한 신앙서적을 함께 읽어라"

"왜 신앙서적을 많이 읽으라고 하신 거죠? 그 일에도 하나님의 뜻이 있으시면 가르쳐 주실 수 있으신가요?"

"이제는 영적 세계의 실체를 이해하고 충실한 영적 교제를 통해서 세상적인 삶과는 구별했으면 좋겠다."

어떤 날에는 기도 중에 하나님의 성호들이 계속하여 마음에서 떠올랐습니다. 내 안에서 고백되던 하나님은 "사랑이 많으신 하나님", "인자하신 하나님", "거룩하신 하나님", "전능하신 하나님", "용서와 자비의 하나님", "축복과 은혜의 하나님", "만군의 주 하나님", "북방의 신" 등 다양했습니다. 왜 갑자기 하나님은 자신의 성호를 드러내고자 하시는지 그 이유가 궁금했습니다. 또 다시 묵상 중에 깨달은 것은 내가 하나님을 구체적으로 체험하고 아는 것에 대한 하나님의 마음이었습니다.

내 믿음 속에서 느끼던 하나님은 우주폭발과 같은 거대한 빅뱅현상이거나, 또는 오병이어와 같은 놀라운 기적의 순간보다는 연약하고 가녀린 호흡 속에서 나를 인도하고 계신 그분의 손길이었습니다. 하나님의 손길은 내 생각보다도 훨씬 세밀했습니다. 나는 하나님과의 영적 친밀감은 "내가 그분 안에, 그분이 내 안에 있을 때"의 영적 공감현상이라는 것을 깨달았습니다. 범사에 하나님과의 교제 나눔은 거창한 것보다는 사소한 일상생활 속에서의 농도 짙은 은혜였습니다.

이수 조건

하나님께 귀의했던 대표적인 사람들은 중세 수도사들이었습니다. 자신들의 삶을 하나님께 내어놓은 구도자였습니다. 이들의 신앙공동체 생활은 물질적 · 정신적 가난을 요구하는 청빈의 삶, 몸의 청결과 함께 정신적 순결까지도 요구하는 정결의 삶, 그리고 철저히 자신을 내려놓고 하나님의 요구를 따르는 순종의 삶이었습니다.

그들은 죽을 때까지 하나님 앞에서 헌신적인 삶을 살아갈 것을 다짐했습니다. 예수제자학교는 입학보다 졸업이 큰 부담감으로 작동했습니다. 훈련생들은 이수조건을 모두 충족해야 했으며, 오랜 전통을 갖고 있는 만큼 신앙훈련 규칙은 철저했습니다. 예수제자학교는 선후배들이 믿음의 전통을 이어가고 있는 영성훈련 학교였습니다.

나는 예수제자학교의 야간반 18기로 입학했으며, 주간반과는 달리 3년 정도 늦게 출발했던 훈련 기수였습니다. 야간반은 1999년에 설립했으며, 청년의 나이를 갖고 있는 교회 내의 전통 있는 신앙훈련 학교였습니다. 입학식 행사는 찬양, 기도, 축하영상, 말씀, 선서, 학교활동과 아웃리치, 리더십 특순, 학교 소개, 오리엔테이션, 교가, 축도, 광고, 조별모임 등의 순서였습니다. 매주 공통된 훈련과정은 찬양과 말씀, 기도 그리고 조별모임을 공통분모로 뽑을 수가 있었습니다. 입학식 행사에서 훈련생들은 선서를 통하여, 학교의 권위 앞에 자신의 모든 것을 기꺼이 내려놓고 순종할 것을 결단했습니다. 훈련생들의 집단 선서는 하나님 앞에서의 순종적인 맹세였습니다.

선서[OATH]

나는 제18기 예수제자학교 학생으로서
하나님과 리더와 학생들 앞에서
최선을 다해서 훈련에 임할 것을 약속합니다.
또한 이 스쿨의 권위에 기꺼이
나 자신을 내려놓을 것을 선서합니다.

입학식 행사는 다채롭고 은혜가 넘쳤습니다. 예수제자학교의 이사장은 성령하나님이시고 교장선생님은 온누리교회의 담임목사님이시며, 교무부장님은 전담목사님이셨습니다. 성령하나님은 모든 훈련과정을 총괄하시며, 예수제자학교의 사업 방향과 운영 상태를 최종적으로 결정하셨습니다.

입학식에 참여했던 형제들은 빡빡하고 엄격한 제자학교의 학교규칙에 대한 부담감을 쏟아냈습니다. 훈련기간에는 직장과 학교생활 속의 불편하고 성가신 이중고를 짊어져야 했습니다. 또한 매일 〈생명의 삶〉을 읽고 QT작성하기, 매일 중보기도의 노트 기록하기, 매회 강의노트의 저널 작성하기, 매주 성경 암송하기, 매주 성경읽기, 매월 1권 이상의 필독서를 읽고 독후감 제출하기, 해외 아웃리치(7월~8월) 가기 등 필수항목들이 즐비했습니다. 예수제자학교의 이수조건은 필수 훈련항목을 이수하지 못하면 졸업불가였습니다.

전혀 예외는 없었습니다.

04

생명 양식의 충전소

이 율법책을 네 입에서 떠나지 말게 하며
주야로 묵상하여
그 안에 기록된 대로 다 지켜 행하라
그리하면 네 길이 평탄하게 될 것이며 네가 형통하리라
수1:8

난해한 성경 읽기

내가 하나님을 기쁘시게 할 수 있는 좋은 만남은 무엇이 있을까요? 만남이란 관계를 형성하는 것이고, 관계는 잦은 만남의 시간과 횟수를 가질수록 친밀해졌습니다. 구약시대에는 회막이나 성막에서 제물을 바치고 죄사함을 청하며 하나님을 만났습니다. 구약시대에는 하나님을 만날 수 있는 방법은 별도의 장소와 죄사함의 제물이 절대적으로 필요했습니다.

신성하게 정해놓은 성막에서 자신의 죄를 대신할 수 있는 제물을 준비해서 제사를 드리던 의식행위였습니다. 하나님을 만나기 위한 별도의 장소와 조건이 필요했습니다. 하지만 신약시대에는 예수 그리스도의 십자가 사랑을 통한 죄사함의 은혜를 자유롭게 누릴 수가 있었습니다. 언제 어느 곳에서든 우리의 생각과 행동을 집중하면, 하나님과 교제할 수 있는 은혜의 무대가 열렸습니다. 예수 그리스도 안에서 생명력 있는 삶을 실천하며 구원받은 인생을 살아갈 수가 있었습니다. 집중적으로 하나님을 생각하며 기도와 묵상, 성경읽기와 예배, 찬송의 시간들이 필요했습니다. 기도는 하나님과 함께 대화하는 것이며, 묵상은 하나님의 말씀을 듣고 깨닫기 위한 것이며, 성경은 곧 하나님의 음성 그 자체였습니다.

나에게 하나님과 만날 수 있는 특별한 시간은 〈생명의 삶〉 큐티[QT]였습니다. 매일 찬양하고 기도하며, 하나님의 말씀을 읽고 듣고 깨달으며, 내 삶 속에서 적용하기 위한 실천적인 신앙생활이었습니다. 매일 내 삶 속에서 하나님을 깊이 만나고 동행할 수 있는 좋은 방법은 그분의 말씀을 듣고 묵상을 통하여 깨달으며, 깨달은 것을 다시 내 삶속에서 적용하는 실천방법이었습니다.

나는 약 10년 전부터 큐티를 실천했습니다. 그리고 큐티를 실천할 때마다 가끔씩 과거의 일들을 생각했습니다. 청년의 때에 성경을 대하던 태도였습니다. 그때의 성경읽기는 고역에 가까웠습니다. 전혀 재미도 없었으며, 반복해서 성경을 읽어도 이해가 잘 안 되던 교훈적인 책이라고 여겼습니다. 성경을 읽고 포도송이처럼 달콤하다던 사람들의 이야기는 전혀 이해가 안 될 정도였습니다. 한마디로 이상한 사람들처럼 보였던 거죠.

나도 신앙적인 호기심에 창세기를 펴놓고 읽어보았습니다.

읽고 또 읽어도 구체적인 내용들이 마음에 와 닿지를 않았으며, 기껏 힘들게 읽어야 창세기 1장에서 10장까지 반복할 뿐이었습니다. 따분하기만 했습니다. 그렇게 재미가 없었던 성경 말씀을 매일 읽고 은혜를 받았다던 기독교인들도 있었습니다. 제 정신이 아닌 사람들처럼 보였습니다. 같은 기독교인이지만 다른 세계에서 살고 있는 사람들, 아니면 태어날 때부터 특별한 성경해독 능력을 갖고 있는 사람들 쯤으로 여겼습니다. 나만 이런 생각을 갖고 있던 것은 아닐 것입니다.

사실 기독교인들 중에 성경을 읽고 하나님의 음성을 듣는 사람들이 얼마나 될까요? 성경을 읽고 제대로 이해하는 사람들도 거의 없을 겁니다. 성경이 어디 이해하기 쉬운 책인가요? 아무리 읽어도 이해하기는 힘들고, 또한 특정집단의 종교적인 교훈처럼 생각되는 일도 많았지요. 하나님의 말씀으로 인지하고 그분의 음성을 들으며, 성경을 읽는 사람들은 거의 없을 것입니다. 대부분 자신들의 신앙생활을 드러내기 위한 눈속임일 수 있을 겁니다.

양심상 책상위에는 성경이 반듯하게 놓여 있어도 거의 통독한 일이 없었으며, 겉표지에는 먼지가 뽀얗게 앉아 있었습니다. 성경을 읽어도 구약은 제대로 뜻풀이도 되지 않았으며, 성경에 출현하던 사람들의 이름도 생소했습니다. 이스라엘의 역사적인 배경과 지리적인 위치도 이해하기 힘들었습니다. 또한 민족 간 전쟁은 툭하면 곳곳에서 살육적인 전쟁을 벌였으며, 온통 전쟁사이고 타락한 죄인들 밖에는 없었습니다.

시대별로 한두 명의 선지자들이 출현해서 하나님의 말씀을 전했고, 그 말씀을 글로 기록해 놓은 것이 구약성경이었습니다. 사람들은 성경을 통독하며 읽고 그 안에서 하나님의 음성을 듣고 발견할 수 있다고 말하면, 나에게는 모호하고 이해하기 힘든 이야기였습니다. 그래도 억지로라도 성경 전체를 한 번은 읽어야만 할 것 같아서 대학에서 시간강사로 근무할 때에 마음잡고 한 번 통독했으며, 또 한 번은 전문인선교훈련학교를 이수할 때였습니다. 이외에는 지혜를 갖춘 삶을 살고 싶어서 몇 번 잠언을 읽었고, 멋진 시인이 되고 싶어서 시편을 부지런히 읽었습니다.

하지만 나는 놀라운 일을 목격했습니다. 나이는 80세를 넘었고 학력은 무학이거나 초등학교 졸업수준이었지만, 일 년에 3~5회씩 성경을 읽고 있는 분들이었습니다. 일 년 내내 돋보기를 쓰고 성경을 읽고 또 읽어서 성경책이 손 때가 묻고 낡아서 너덜너덜했습니다. 삶의 이정표로 삼고 살아가는 분들이었습니다. 내 어머니와 같으신 분이었습니다. 비록 배움의 크기는 짧아도 그분들의 삶 속에는 항상 하나님이 함께 계셨습니다. 이런 모습을 보며 하나님과의 친밀감을 나누는 은혜의 깊이는 학력수준과는 전혀 무관하다는 점이었으며, 어떤 마음을 갖고 하나님의 말씀을 사모하고 있는가의 차이였습니다.

이 율법책을 네 입에서 떠나지 말게 하며
주야로 그것을 지켜 행하라
그리하면 네 길이 평탄하게 될 것이며 네가 형통하리라
수1:8

생명로드

내 삶에서 하나님의 음성을 듣는 영성훈련의 일 번지는 큐티였습니다. 다행히도 나는 온누리교회의 전문인선교훈련학교와 예수제자학교를 이수하며 매일 큐티하는 영적 습관을 갖출 수 있었습니다. 온누리교회 출신들은 어느 곳에 있던지 큐티를 생활화했습니다. 같은 기독교인이지만, 교회의 영성이 개인 영성에도 크게 영향력을 미치는 것을 보았습니다.

무척 부러웠습니다. 교단과 교회에도 추구하는 신앙생활의 가치와 영성에서 차이가 있었습니다. 이런 모습들은 큰 자극이었습니다. 이런 영적 부러움의 결과 때문이었는지, 나는 전문인선교훈련학교를 이수할 때부터 근 십여 년에 걸쳐 큐티를 생활화했습니다. 내게도 하나님의 음성을 사모하며, 그분의 뜻에 맞게 생활하려는 신앙적인 기대감이 솟아났으며, 신앙훈련 과정을 통해 영적 소망이 자라났던 것입니다.

매일의 큐티 생활은 예수 그리스도와 동행하는 생명로드였습니다. 이 땅에서 우리는 나그네 인생이고 이방인의 삶을 살아가고 있어도, 영적인 생명을 유지하며 천국의 삶을 살아갈 수 있었습니다. 나는 인생의 해답을 찾고 싶은 욕망이 많았습니다. 예수 그리스도를 생애의 진리로 믿고 그분의 이름과 뜻을 동경했지만, 이 땅에 태어나서 살아가고 있는 나의 실체에 대한 깨달음은 부족했습니다. 내게 주어진 삶의 의미와 목적을 분명하게 깨닫고 싶은 인생 욕구였습니다.

나는 왜 이 땅에 태어난 것일까?
현재의 모습으로 이 땅에서 살아가게 한 의미는 무엇일까?
나라는 한 인간의 생애 속에 주어진 삶의 구체적인 의미는 무엇을 뜻하는 것일까?

참 지루하고 성가셨던 삶의 의문들이었습니다. 부유하지 못했던 어린 시절은 징벌과도 같이 느꼈습니다. 나와 같은 사람들의 인생은 징벌로 시작해서 징벌로 끝난다는 엄청난 죄의식에 사로잡혀 있었으며, 이런 생각들은 내 인생을 무신론으로 끌고 갔던 계기였습니다.

그저 행복한 삶이란 도자사상에서 제시하던 자연주의에 기초한 이상향으로 보았습니다. 인간은 자연과 합체된 삶을 추구할 때에 가장 행복한 세상공동체의 일원이 될 수 있다는 이해였습니다. 이런 의식들은 내 삶의 질감 속에서도 삶의 한계를 느껴야만 했습니다. 기독교인이 된 후에도 세상 유익을 바라보며 살아왔다는 징벌주의에 사로잡혀 있었습니다.

이런 내게도 하나님은 체험적으로 다가오셨습니다. 예수제자학교를 이수하며 하나님과의 관계가 더욱 친밀해지고 영적 체험의 체적들이 훨씬 늘어났으며, 내 입술에는 놀라운 신앙 고백들이 흘러나왔습니다.

정말, 하나님은 살아 계셨습니다.
제가 인생을 통해서 찾고 찾았던 해답이셨습니다.
오우, 나의 하나님!

참으로 다행스러운 고백이었습니다. 이때의 감동은 어떤 순간보다도 소중했고 감사했던 인생전환의 순간이었습니다. 끊임없이 찾아 헤맸던 영적 진리의 근원은 하나님이셨습니다. 그분이 나와 함께 동행하는 삶이 인생 진리라는 것을 발견했습니다. 그 순간에는 온 몸으로 기쁨을 누렸습니다.

내 삶에서 하나님의 임재를 직접 경험하는 일은 놀라운 은혜였습니다. 하나님과 동행하는 삶의 체적이 늘어날수록 엄청난 기적과 반전을 체험할 수 있었습니다. 내겐 놀라운 위로였으며, 찬송이고 감사였습니다. 우리 인생에서 중요한 일은 하나님께서 이끄시는 다양한 영적 체험활동을 동반한 생명로드를 걷는 일이었습니다.

큐티의 영성

하나님과 더욱 친밀해 질 수 있는 방법은 무엇이 있습니까? 우리가 사람들을 사귈 때에도, 가급적이면 많이 만나고 함께 시간을 공유하는 방법을 취했습니다. 만남의 횟수와 시간이 많을수록 그만큼 친밀감은 더욱 높아졌습니다.

큐티는 생명의 양식이기도 했지만, 하나님과 친밀해질 수 있는 구체적인 방법이고 계기였습니다. 그분과 깊이 있게 교제할 수 있으며, 날마다 말씀을 읽고 묵상하던 영성훈련의 시간이었습니다. 매일 큐티로 하루를 시작하고 마무리한다는 것은 하나님의 말씀으로 하루를 열고, 하루를 마무리하는 것과도 같았습니다. 우리의 삶 자체가 하나님의 말씀 위에 세워지는 천국의 삶을 살아가는 일이었습니다.

사실 젊었을 때에는 귀찮게만 여겼던 큐티였습니다. 사람들이 과거를 돌아보면 보편적으로 기쁨보다는 후회에 휩싸였습니다. 더 열심히 생활했어야 했는데, 모든 면에서 미숙했다는 것을 깨달았습니다. 나는 하나님을 떠나 사람들에게 자신의 영광을 구했던 일들이 후회로 밀려왔습니다. 하나님의 말씀을 사모하는 것보다 세상일에 대해 훨씬 관심이 많았습니다. 하나님의 말씀에 근거한 생활과는 동떨어졌습니다.

하지만 하나님과 영적 친밀감을 느낀 이후의 삶은 달랐습니다. 하나님의 말씀이 꿀맛처럼 느껴졌으며, 그 이유는 말씀의 능력을 체험한 이후였습니다. 내 삶에서도 영적 체험들이 쌓이면서 하나님의 살아계심에 대한 이해가 커졌으며, 이 땅과 우주의 통치자가 하나님이심을 고백할 수 있었습니다. 하나님은 성경 곳곳에서도 전능자의 말씀을 선포했습니다. 매일매일 그분에 대해 알아가는 것은 큰 기쁨이었으며, 나를 향하신 하나님의 뜻을 발견할 수 있는 영적 체험의 순간이었습니다.

나는 아침에 일어나면 특정한 시간을 구별해서 큐티를 실천했습니다. 어떤 날에는 억지로라도 〈생명의 삶〉을 붙들고 큐티했습니다. 피곤하고 귀찮을 때에는 건성으로 큐티할 때가 있어도, 가급적이면 하루도 쉬지 않고 꾸준히 큐티 시간을 쌓아갔습니다.

내가 전문인선교훈련학교와 예수제자학교에서 배웠던 큐티의 실천과정은 기본 7단계였습니다. 우선 조용한 마음으로 잡음을 없애고 준비하기, 오늘 말씀을 받기 위해 기도하기, 본문 성경을 읽고 해석하기, 나에게 주신 말씀받기, 받은 말씀을 놓고 묵상하기, 받은 말씀을 실생활에 적용하기, 다른 사람들과 받은 은혜 나누기였습니다.

나는 지난 10년간의 큐티[QT]생활에서 성경본문을 읽고 주제별 큐티를 실천할 수 있겠다는 점을 새롭게 이해했습니다. 성경말씀에는 다양한 테마들이 있고 이를 주제로 큐티를 실천에 옮기는 방법이었습니다. 사복음서를 활용한 〈예수의 행적〉, 창세기를 활용한 〈아브라함의 믿음〉, 출애굽기와 신명기 등을 활용한 〈모세의 부르심과 광야 40년〉, 열왕기와 시편 등을 활용한 〈다윗의 허물과 삶〉, 신약성경을 활용한 〈하나님나라의 실체〉, 사도행전과 고린도서와 로마서 등을 통한 〈바울사도의 선교와 헌신〉 등 주제별 큐티를 실천하는 일이었습니다.

큐티의 생활화

큐티하는 생활, 참 멋지지 않습니까? 두란노서원의 홈페이지를 들어가면 "큐티 한가족", 또는 "큐티하면 행복해 집니다."라는 문구가 떠올랐습니다. 처음 큐티를 접했을 때에 〈생명의 삶〉이라는 규티 성경본을 놓고 제목이 잘못되었다며 평가했습니다. 생명의 삶이 아니라, 〈생명력 있는 삶〉이라는 표현이 문법적으로 더 적합하며, 의미전달에서도 더욱 명확하다고 주장했습니다. 겸손하지 못한 잘난 척이었습니다.

하지만 점차 교만했던 생각에서 벗어나 큐티를 습관적으로 생활화하는 것이 매우 중요한 일상임을 알았습니다. 영적 일이든 세상 일이든 처음 습관화하는 것은 힘들어도, 일정기간이 지나면 내 삶 속에 자리를 잡았습니다. 처음 큐티를 시작했을 때에는 하루 큐티하면 며칠씩 까먹고 실천하지 못했던 일도 다반사였습니다. 원인은 의도적이라도 습관화되어 있지를 못했습니다. 매일 큐티를 생활화하며 하나님의 뜻을 발견하는 것도 쉽지가 않았으며, 큐티가 내 삶에서 크게 도움이 되지 않는다고 여겼습니다. 이럴 시간이 있으면, 언어 학습이나 글을 쓰는 게 훨씬 유익하다고 생각했습니다.

큐티의 생활화는 일상에서도 신앙적인 삶을 실천해야만 하는 목사님들과 선교사님들에게 필요했지, 나와 같이 사회활동 속에 매몰된 기독교인에게는 불필요한 일이라고 보았습니다. 그렇지만 내 삶에서도 큐티가 자리를 잡으면서, 나는 영성적인 삶에 대해 관심도가 높아졌습니다. 특히 큐티의 묵상단계는 너무 좋았습니다. 묵상하며 하나님의 뜻을 발견하고 내 삶에 적용하는 일들은 은혜의 도가니였습니다.

묵상은 반복해서 성경구절을 읽는 것입니다. 하나님의 뜻을 발견하기 위해 반복해서 성경구절을 읽다보면 내게 주시는 구체적인 의미나 새롭게 다가오던 말씀의 뜻을 깨달을 수 있었습니다. 이전에는 미처 깨닫지 못했던 의미였습니다. 묵상은 '메디켈루스'라는 용어에서 유래했으며, 그 의미는 약Medicine이란 구체적인 의미를 갖고 있었습니다. 우리 몸은 좋은 약이 들어오면 혈관을 타고 퍼져 나가며 약효를 발생시켰습니다. 하나님의 말씀은 묵상을 통해 내 영혼육 안으로 들어오면 영적 시각이 밝아졌습니다. 하나님의 음성은 우리 몸의 말초신경까지 감동시켰습니다.

큐티 간증

매주 제자훈련 시간에는 큐티 간증이 봇물처럼 터졌습니다. 형제자매들의 간증은 살아계신 하나님, 우리의 삶 중에 개입하신 하나님의 은혜를 충만히 누렸습니다. 함께 제자훈련을 받고 있던 형제의 큐티였습니다. 제자훈련 과정에서 같은 조의 형제들은 일 년 내내 감동어린 큐티 간증을 쏟아냈습니다. 형제들은 자신의 허물까지도 회개하는 마음으로 용기 있게 고백했습니다. 우리들 중 J형제가 가장 먼저 용기를 냈습니다.

• 성경본문: 눅 22:63-71

• 제목: 하나님의 아들로서 모욕당하신 예수

• 나에게 주신 말씀

사람들은 온갖 말로 예수께 모욕을 해 댔다(눅 22:65).

• 묵상

사람들이 온갖 조롱 섞인 말로 예수님을 모욕하던 장면을 떠올렸다. 유대의 대제사장 집에서 끊임없이 모욕과 핍박을 당하셨다. 조롱과 핍박이라는 것은 무엇일까? 나에게 조롱과 핍박은 모멸감을 느끼게 만드는 행위였다. 모멸감은 경멸과 비하, 조롱과 무시의 비인간적인 행동이었다. 유대인들은 적대적인 의도를 갖고 모욕적인 행동을 예수님께 자행했다. 그들은 예수님의 두 눈을 천으로 가리고 누가 때리는지 알아맞혀 보라며 조롱하고 놀렸다. 대제사장 집에서 사람들은 거짓 선지자 놀이를 행하였으며, 차마 감당하기 힘들 정도의 모욕감을 안겨주었다.

그들의 못난 행동에는 하나님의 아들이신 예수님에 대한 이해는 전혀 없었다. 마치 같은 부류의 인간보다는 동물 확대에 가까워 보였다. 나는 예수님께서 당하셨던 모욕의 순간과 유사했던 내 경험을 돌이켜 보았다. 그리고 그때에 집에서 키웠던 반려견의 행동이 생각났다.

강아지 이름은 쿠우였다. 거실 소파에 누워 강아지와 장난을 치며 놀고 있었다. 쿠우는 갑자기 내 배를 밟고 껑충 뛰어넘어갔다. 나는 마음에서 엄청난 모욕감을 느껴야만 했다. 단지 반려견이 주인인 내 배를 밟고 넘어갔다는 이유였다. 마음에서 심한 모욕감이 쏟아졌으며, 내면은 분노로 가득 채워졌다. 한순간의 분노가 폭발할 것만 같았다. 나는 오늘 말씀에서 개만도 못한 인간들에게 둘러싸여 조롱과 핍박을 당하던 예수님의 심정을 느꼈다. 엄청난 모욕감을 참아내고 있던 인내였다. 온갖 조롱과 모욕을 참아내고 계신 예수님의 마음은 피조물인 인간들을 향한 깊은 사랑이 자리 잡고 있었다. 깊은 사랑이 없으면 모욕감을 참아내기 힘들다는 것을 깨달았다. 나도 예수님과 같이 집에서 기르던 반려견들에게 둘러싸여 조롱과 모욕을 당한다면 인내할 수 있을까? 아무리 헌신적인 사랑을 품고 있어도, 나는 어려울 것만 같았다.

• 적용

조롱과 핍박 속에서도 모욕감을 참아낼 수 있는 마음은 진정한 사랑이다. 그래서 우리 마음에는 늘 사랑을 품고 있어야 한다. 반려견이 내 배를 훌쩍 타넘어 갔을 때에 느꼈던 나의 모멸감은 예수님과 비교하면 아무것도 아니다. 그저 한순간의 분노일 뿐이었다. 이런 사소한 일에도 모멸감으로 분노하는 나 자신을 보며, 아직도 인내가 미숙한 상태임을 고백한다. 사랑을 밑바탕으로 한 동물과 사람들의 관계, 하나님께서 창조하신 피조세계를 진정으로 사랑할 수 있기를 기도한다.

• 마무리기도

하나님 아버지! 조롱과 모욕을 참아내며, 우리를 사랑하신 예수님의 깊은 사랑을 깨닫습니다. 창조주께서 피조물에게 온갖 조롱을 당하고 십자가의 고난을 참아냈듯이, 우리에게도 예수님의 사랑을 품게 하옵소서. 다른 사람들을 사랑할 수 있는 예수 그리스도의 마음을 갖게 하소서. 특별히 간구하기는 세상적인 모욕감을 극복할 수 있는 마음을 허락하여 주옵소서. 예수 그리스도 이름으로 감사하옵고 기도하옵나이다.

아멘.

05

하나님나라의 증거

예수께서 대답하여 이르시되
진실로 진실로 네게 이르노니
사람이 거듭나지 아니하면
하나님의 나라를 볼 수 없느니라
요3:3

예배자의 순종

예배란 무엇입니까? 하나님을 섬기고 찬양하며 기원하는 종합적인 종교의식, 또는 기독교인들의 경건과 예의를 갖추어 하나님을 경배하는 신앙공동체의 행위입니까? 나는 '삶이 곧 예배다'라는 말이 떠올랐습니다. 영어로는 워십Worship이었으며, 최고의 영광과 찬양을 올려드리는 신앙적인 행위였습니다. 우리의 삶을 통하여 하나님을 기쁘게 해드리는 것이 진정한 예배라고 보았습니다.

그렇다면 예배자에게 어떤 삶이 필요한 걸까요? 하나님 앞으로 나아갈 때에 반드시 우리에게 있어야만 하는 것, 그것은 믿음과 순종이었습니다. 예배자는 하나님을 기쁘시게 할 수 있는 믿음과 순종의 온전한 그릇이 되어 그분 앞에 나아가야만 했습니다.

믿음이 없이는 하나님을 기쁘시게 하지 못하나니 하나님께 나아

가는 자는 반드시 그가 계신 것과 또한 그가 자기를 찾는 자들에게 상주시는 이심을 믿어야 할지니라

히11:6

평상시 하나님나라의 궁금증을 하나둘씩 풀어낼 수 있는 멋진 강의들이 펼쳐졌습니다. 영적 비밀을 푸는 열쇠와도 같았습니다. 하나님과 하나님나라를 이해하는 영적 시각들을 깨우치는 은혜의 시간이었습니다.

첫 번째 강의는 온누리교회에서 예배사역자로 섬기다가 교회개척을 나간 목사님이었습니다. 교회개척 기간은 오래된 것 같지는 않았습니다. 스스로 고백하기를 온누리교회와 같이 안정적이고 좋은 교회를 떠나 광야 길을 걷고 있다며, 힘들고 어려운 교회 개척사역을 토로했습니다. 강의 내내 참된 예배자의 태도에 대한 이야기를 이어갔으며, 한국교회의 현실문제들도 함께 풀어놓았습니다. 한국교회는 거의 부흥은 없고 후세대가 점점 사라지고 있으며, 교회의 문을 닫는 사례들이 속출하고 있었습니다. 개척교회들은 성도가 없어 서로 연합해서 주일예배를 드렸습니다. 이런 시대적인 상황 속에서 교회개척 사역은 무척 힘겨울 수밖에 없었을 것입니다.

나는 예전에 핀란드 헬싱키 소재의 템펠리아우키오 암석교회를 갔던 일이 있었습니다. 유럽에서도 매우 유명한 건축물

이었으며, 티오모와 투오모 형제가 거대한 바위를 뚫어서 기존 교회와는 다른 양식으로 만든 교회였습니다. 기존 교회건축물의 틀에서 벗어나 천연 암반의 독특한 특성을 살렸으며, 교회설립의 의미도 남달랐습니다.

하지만 그곳에서 들었던 이야기는 젊은 사람들이 결혼할 때를 빼고는 거의 주일예배를 참석하지 않는다는 실상이었습니다. 교회는 잠시 결혼을 위해 출석하는 곳이었으며, 결혼 후에는 다시 교회와는 발걸음을 끊었습니다. 교회가 하나님을 경배하는 예배의 장소보다는 남녀 간의 결혼장소로 바뀌었습니다. 마치 한국교회의 미래를 보는 것만 같았습니다. 강의를 전담하고 있던 목사님의 눈가에도 여린 눈물이 고였습니다. 줄곧 제자학교의 훈련생들에게 참된 예배자의 자세를 정립할 것을 강조했습니다.

우리 모두는 참된 예배자의 모습으로 살아가고 있나요.

목사님의 질문에 대해 선뜻 대답하기는 어려웠습니다. 교회의 예배를 빠지지 않고 참석해도 형식적인 예배의식에서 벗어나, 하나님을 참되게 만나고 있는가였습니다. 우리는 참된 예배를 이해해야 했습니다. 요한복음 4장 23절-24절에는 '영과 진리'로 예배드릴 것을 강조했으며, 성령의 인도하심을 따라 진리를 통해서 드려지던 예배였습니다.

하나님은 영이시니 예배하는 자가 영과 진리로 예배할지니라
요4:24

목사님은 인간적인 권리를 모두 내려놓고 흙투성이 시멘트 바닥에 그대로 엎드려서 순종하는 자의 예배를 드릴 것을 제안했습니다. 예수제자학교의 훈련생들은 온갖 더러운 자국들이 묻어있던 맨바닥에 오체투지 하듯이 엎드렸습니다. 하나님 앞에서 벌레와도 같은 더러운 자신의 실상을 깨달으며, 회개와 함께 예수 그리스도를 구주로 고백하며 순종하는 마음으로 하나님께 나아갔습니다.

일하시는 하나님

눈에 보이지 않으시는 분, 나 역시 35년간 교회를 다녔지만 하나님을 직접 대면했던 적은 없었습니다. 오랫동안 모호했던 하나님을 믿고 따랐던 신앙생활이었습니다. 지금까지 한 번도 하나님을 직접 눈으로 대면하지 못했는데도, 수많은 삶의 굴곡 속에서도 여전히 크리스천으로 살아가고 있다는 것은 기적과도 같은 일이었습니다.

세상적인 일이었다면 불가능했습니다. 크리스천으로 살아가고 있다는 것은 하나님께서 내 삶을 인도하고 계신 증거이기도 했습니다. 하지만 오랫동안 신앙세계의 미로 속을 헤매였습니다. 그때에는 하나님과 그분의 일하시는 방법을 이해하지 못했습니다. 하나님은 살아계신 것도 같았고 그렇지 않은 것도 같았던 오리무중五里霧中의 마음이었습니다. 그러던 중에 하나님을 직접 느끼고 깨달을 수 있는 믿음의 눈을 간구했습니다. 이후부터 내 안에 계신 하나님, 만유 중에 임재하신 하나님을 의식적으로 느끼고자 했습니다.

믿음으로 모든 세계가 하나님의 말씀으로 지어진 줄을 우리가 아나니 보이는 것은 나타난 것으로 말미암아 된 것이 아니니라 히11:3

성경구절 히브리서 11장 3절은 하나님의 일하시는 특성을 말씀하셨습니다. 예수님도 이 땅에서 병자를 고치실 때에도, 귀신을 내어 쫓으실 때에도, 그리고 열매 없는 무화과나무도 말씀으로 명령하셨습니다. 눈에 보이던 보이지 않던 모든 것이 하나님의 말씀으로 지어졌다는 믿음의 실체였습니다.

이 말씀을 깊이 묵상하면 하나님의 살아계심을 인식할 수 있는 믿음의 세계가 열렸습니다. 하나님께서 여전히 만물을 생성하고 돌보시며, 말씀으로 일하고 계신 것을 확신할 수가 있습니다. 우리 인간도 창조하시고 개별적으로 세밀하게 돌보고 계신 하나님이셨습니다. 우리의 기도와 믿음을 받으시고 장래의 일들을 이루어 가셨습니다. 기독교인들의 공통적인 간증 사건들은 기도와 믿음에 대한 체험적인 결과였습니다.

그저 막연하고 불가능할 것이라고 생각했던 장래의 일들이 기도와 믿음 속에서 체험되었던 현재적인 사건들이었습니다. 기독교인들의 공통된 간증은 기도와 믿음을 통하여 영적 체험들을 쌓아갈 때에, 하나님의 살아계심을 간증하는 더 큰 믿음의 성장을 이루어냈습니다.

하나님나라의 이해

모든 세계의 주인은 절대자이고 그분은 곧 하나님이셨습니다. 과학적인 탐구에서도 우주와 자연의 섭리를 깨닫기 위한 작업들을 꾸준히 실행했습니다. 과학자들 중에는 영적 세계와 물리세계를 구별하고, 현실적으로 검증 가능한 물리세계의 한계를 탐구하는 창조과학이 발전했습니다.

획기적이고 과학적인 이론 중의 하나가 다윈의 진화론이었습니다. 과학자들 중에는 과학이론의 허구를 밝혀내며, 하나님의 창조론을 입증하려는 노력들이 일어났습니다. 우리가 의식적으로 인정하고 있던 편향적인 지식의 한계였으며, 인간의 보편적인 사고는 제한된 과학적인 지식을 의지했습니다.

우주 질서를 만드신 분은 하나님이셨습니다. 하지만 사람들은 그분을 직접 볼 수 없다는 이유만으로 배제시켰으며, 오히려 진화론과 같은 편향적이고 비과학적인 지식을 법칙이나 섭리처럼 인식했습니다. 영적 세계를 이해하기 힘들다는 것만으로도, 하나님나라에 대한 실체를 등한시했습니다. 영적 세계와 물리세계의 주인은 하나님이셨습니다. 신실한 기독교인들은 하나님나라가 눈에 보이지 않아도, 모든 만물이 그분의 말씀으로 이루어졌고 만유 안에서 하나님의 임재를 누렸습니다.

그러나 가장 큰 문제는 하나님의 말씀을 듣고도 마음으로 확신하지 못하던 태도였습니다. 하나님의 실상을 눈으로 확인할 수 없으니 그저 공허한 소리, 또는 종교적인 메아리정도로 취급했습니다. 기독교인들도 너무 쉽게 세상적인 불안감에 휩싸였으며, 약속된 자녀의 신분마저 잊어버릴 때가 많았습니다. 심령 속에는 믿음이라고 부를만한 것이 전혀 남아 있지를 않았습니다. 하나님나라의 이해가 없는 세상적인 시각 속에 얽매여 살아갔습니다.

제자훈련의 은혜

왜 영적인 상처들이 산재해 있는 겁니까?

하나님과의 친밀한 교제를 통해 신실하게 생활하고 있습니까?

하나님은 모든 것을 알고 계신 섬세하신 분입니다. 그분과의 교제는 장벽이나 장막과 같은 것은 없었습니다. 시공간적인 제한도 없었습니다. 전능하신 분이셨습니다.

하나님과의 신실한 교제는 내가 스스로 다가서는 일이 힘들 뿐이지, 언제 어느 곳이든 임재해 계셨습니다. 시공간을 초월한 교제 나눔이 가능했습니다.

이를테면 매일 기도하고 찬양하는 일도, 성경을 읽고 큐티QT 하는 일도, 새벽시간과 자정에 기도하는 일도, 기독교 서적을 읽는 일도 은혜로운 영적 교제였습니다. 하나님과의 교제는 시공간의 제한이 없었습니다. 내가 의지적으로 하나님께 생각을 집중하며, 그분께 다가서는 믿음이 필요했습니다. 전능하신 무소불위無所不爲의 하나님이셨습니다.

매주 제자학교에서 영성훈련을 받고 과제를 수행하며, 배운 것을 현실에서 적용하다 보면 훈련시간은 생각보다 빨리 지나갔습니다. 목요일 저녁과 토요일 오후는 예수제자학교의 정규 훈련시간이었습니다. 제자훈련의 출발지점에서는 빽빽하고 지루할 것만 같았던 훈련일정들이 순식간에 흘러갔습니다. 훈련생들은 졸업식이 가까울수록, 훈련기간의 종착역이 다가올수록 아쉬움을 쏟아냈습니다.

나이 많은 형제들은 제자훈련기간을 특급열차에 비유했습니다. 매 시간 감동과 은혜를 충만하게 누리며 생활하다보니, 제자훈련을 끝내고 다시 일상생활로 돌아가는 일이 못내 아쉬웠나 봅니다.

형제님!
이곳에서 훈련을 받다가 세상으로 나아가면,
마치 천국에서 살다가 생명력을 잃어버린 혼탁한 세상으로 추방당하는 것과 같은 느낌이겠지요.

우리 조상이었던 아담이 에덴동산에서 추방당할 때의 기분이 어땠을까요. 하나님의 임재를 충만히 누리다가 추악한 세상으로 쫓겨나는 기분이었겠지요.

형제들은 훈련시간마다 성령하나님의 임재가 있는 예수제자학교를 천국에 비유했습니다. 나는 인간 세상으로 끌려간다는 반감이 솟아올랐습니다. 아담과 하와가 에덴동산에서 쫓겨나던 심정과도 유사했을 것입니다. 세상으로 다시 돌아가야만 한다는 것에 대해 강한 거부반응을 느껴야만 했습니다. 하나님의 임재가 함께 있는 곳이 천국이었습니다.

중보기도의 영적특권

누군가를 위해 기도한다는 것만큼 아름답고 이타적인 게 있을까요? 전혀 낯선 민족과 종족, 그리고 사람들을 위한 중보기도였습니다. 주변을 살펴보면 친밀한 관계를 맺고 있는 사람과 그렇지 않는 사람으로 구별할 수 있습니다. 좋은 관계를 형성하고 있는 사람들을 위한 중보기도는 크게 어렵지는 않았습니다. 마음이 움직이는 데로 축복기도를 쏟아내면 되는 일이었습니다. 나와 연결고리가 형성되어 있는 만큼 그들의 생활과 인생을 놓고 중보기도를 올려드리면 되는 일이었습니다.

하지만 전혀 인연이 없거나 관계가 없는 사람들이었습니다. 신앙생활 속에서도 주로 인연의 연결고리가 없는 사람들이었으며, 전혀 얼굴도 모르는 생소하고 낯선 사람들이었습니다. 나는 기도할 때면 하나님께서 낯선 종족과 사람들을 위한 중보기도자로 세우셨다는 확신을 받았습니다. 선교지를 놓고 기도하는 일은 의무처럼 다가왔습니다. 복음의 빚진 자와 같은 마음을 부어주셨으며, 하나님께서 나에게 품고 계신 특별한 뜻이 있는 것만 같았습니다.

또한 선교사들과 선교지를 위한 중보기도가 끊어지질 않았습니다. 매번 기도의 흐름을 따라가다 보면 대륙을 품고 쏟아지던 기도는 개별 나라와 종족으로 다시 세분화되어 갔으며, 선교지를 향한 기도는 중앙아시아와 아프리카, 일본, 중국, 인도네시아, 태국, 네팔, 러시아 등 다양한 종족들과 선교사들을 위한 기도의 흐름이었습니다.

내가 중보기도 시간을 늘려가며 깨달은 것은 기도의 발전이고 변화였습니다. 기도의 변화는 개별적인 기도에서 변화하여 타인과 민족중심으로, 하나님중심으로 바뀌어갔습니다. 자기중심적인 기도에서 시작해 사회공동체와 국가공동체, 종족공동체까지 기도의 제목들이 넓혀졌습니다. 훗날 성령께서 인도하시는 기도의 흐름이라는 것을 알았습니다. 중보기도의 변화는 개인적인 일에서 하나님의 일로 기도의 흐름에서 변화가 일어났습니다.

과거의 내 기도는 독립군 기도였습니다. 전문인선교훈련학교와 예수제자학교를 다니기 전까지는 독립군 기도였습니다. 하나님과 대화를 하고 싶으면 하고, 하기 싫으면 몇 날 며칠이고 하나님 앞에 나아가기 않던 자유방임주의적인 기도습관을 갖고 있었습니다. 겨우 어거지 행동으로 나태한 기도의 단을 쌓았습니다. 기도시간이 부족했던 게 아니라, 아예 다른 형제자매들을 위한 헌신적인 중보기도를 생각조차 못했습니다.

중보기도는 나의 영적인 관점을 변화시켰습니다. 개인중심의 세상적인 세계관에서 하나님중심의 영적 세계관을 품게 만들었으며, 하나님께서 베푸시던 특별한 은총이었습니다. 선교사님의 별도 강의에서도 "중보기도는 하나님께서 세상을 향한 진노를 거둘 수 있는 유일한 방법"이라고 선포했습니다. 세상을 향한 하나님의 진노를 돌이킬 수 있는 유일한 방법은 우리들의 중보기도였습니다.

그야말로 예수제자의 영적 특권이었습니다.

하나님과의 영적 스킨십

하나님과 교제하는 방법은 무엇일까요? 하나님과의 만남은 인간적인 만남과는 다른 영적 스킨십Holy Skinship이었습니다. 영적 스킨십은 하나님과의 만남의 깊이와 횟수였습니다. 얼마나 빈번하게 하루 동안에 하나님을 만나고 있는가였습니다.

만남은 곧 관계형성이고 교류였습니다. 관계는 친밀감의 정도에 따라 영향력을 주고받으며 좋은 관계와 나쁜 관계를 구별했습니다. 관계가 깊을수록 교류의 횟수도 증가했습니다. 하지만 하나님과의 관계는 눈에 보이지 않았습니다. 나는 일과 중에서도 하나님을 생각하며, 그분과의 교제를 위해 몰입했습니다. 하지만 내 생각을 하나님께 집중하고 있어도, 너무 쉽게 내 생각과 의지 속에서 하나님은 빠져나갔습니다.

의도적으로 하루의 일과 중에서 하나님을 만나는 일이었습니다. 처음에는 기껏해야 하루 동안 한 번에 10분씩 2~3회 정도 영적 교감을 나누었습니다. 수십 년간 교회를 다녔어도,

실생활에서 빈번하게 하나님과 교제하는 것은 쉽지가 않았습니다. 특별한 고민거리, 또는 기도할 일이 없으면 하나님을 생각하는 일은 거의 없었습니다. 아예 하나님을 잊어버리고 습관화된 생활 속에 빠져 있었습니다. 잠시 짬을 내어 하나님과 교제하는 일은 막연했습니다. 내 의식 속에서 신앙생활과 일상생활은 별개였습니다.

하지만 심리학자들의 주장을 빗대어 보면, 하루에 최소한 12번 이상 친밀한 교제를 나누는 것이 관계형성에도 매우 좋다는 주장이었습니다. 대략 1시간마다 한 번씩은 하나님께 내 생각을 집중하며, 친밀한 대화를 나눌 수가 있어야만 했습니다. 짬짬이 하나님을 바라보아야만 했습니다. 그러나 가장 큰 문제는 영적 습관화가 이루어져 있지를 못했습니다. 하나님과의 교제는 특별한 계기가 있거나, 예배나 기도시간에 별도로 나누던 영적 교감으로만 알고 있었습니다.

나는 하루 일과 중에 하나님을 만나기 위해서는 별도의 스케줄 관리가 필요하다는 것을 깨우쳤습니다. 의도적으로 하나님을 만날 것을 계획했으며, 틈만 나면 하나님과의 교제를 실천하고자 했습니다. 하나님과 수시로 교제하는 영적 스킨십의 습관화는 다니엘의 기도습관이 대표적이었습니다. 다니엘은 하루 중에 꼬박 세 번씩을 정해 놓고 예루살렘을 바라보며 기도했습니다.

일상생활 중에서도 습관화된 기도생활 방식이었습니다. 다니엘은 바벨론 제국의 포로였어도 공직자였습니다. 바벨론 제국의 다리오 왕은 전국을 통치하려고 고관대작 120명을 신하로 세웠으며, 이들 중에서 직접 왕에게 보고할 수 있는 총리는 세 명 뿐이었습니다. 이들 중의 한 명이 다니엘이었습니다. 다니엘의 지위는 수많은 신하와 백성들에게 관심을 받았던 고관대작 중의 한사람이었습니다. 전쟁포로의 신분으로 끌려왔던 다니엘은 바벨론 신하들의 비난과 시샘, 질투와 경쟁 속에서 치열하게 생활했습니다.

이런 상황 속에서도 다니엘은 일상생활에서 하나님과의 교제를 우선순위에 두었습니다. 하루에 세 번씩 자기 집의 윗방으로 올라가 창문을 열어놓고 예루살렘을 향하여 무릎 꿇고 기도했습니다.

다니엘이 이 조서에 왕의 도장이 찍힌 것을 알고도
자기 집에 돌아가서는 윗방에 올라가
예루살렘으로 향한 창문을 열고 전에 하던 대로
하루 세 번씩 무릎을 꿇고 기도하며
그의 하나님께 감사하였더라
단6:10

내가 다니엘의 기도생활에서 깨달은 것은 하나님과의 습관적인 영적 교제와 작정기도였습니다. 그래서 일과 중에 하나님과의 교제 나눔을 고민했더니, 일어나자마자 새벽기도를 드리는 기도 습관부터 갖는 일이었습니다. 주기도문으로 새벽시간을 맞이하며 하루의 일과를 축복하고, 출근길에 일터에서의 좋은 만남과 성과를 위해 기도하고, 점심시간 후에 다시 성경을 읽고 재충전하며, 저녁시간에는 기독교 방송을 청취하고, 잠들기 전에는 멋진 하루를 보내게 하신 하나님께 감사기도와 중보기도를 올려드리는 실천 방법이었습니다.

일정기간 반복하면 정해놓은 스케줄 외에도 수시로 하나님과 교제하는 의도적인 시간을 늘려나갈 수가 있었습니다.

예배자의 순종

후회 없이 인생을 살았습니까? 모두들 할 말이 없을 것입니다. 나는 "탕자의 비유"에 나오던 둘째 아들이었습니다. 멋지게 살고 싶어 아버지 품을 떠나 세상으로 나갔어도, 허랑방탕한 생활에 젖어 가치 있는 인생을 소모해 버렸던 탕자였습니다. 그리고 다시 하나님의 은혜로, 그분 품으로 돌아왔습니다.

이런 삶의 결과는 허물 많은 인생, 또는 죄인된 자책감을 한동안 벗어내지 못했습니다. 허무주의와 무신론에 빠져 인간의 삶은 죽음의 사선을 향해 달려가고 있을 뿐이라며 단정했습니다. 희망이 없는 인생을 사는 것은 그 자체가 지옥이었으며, 온통 후회 속에 살아갈 수밖에 없는 현실생활이었습니다.

그래서였는지 아모스 선지자의 다림줄 강의는 마음을 흔들어 놓았습니다. 내 삶의 일거수일투족을 지켜보고 계신 하나님, 아주 사소한 것까지도 내가 행하는 모든 일들은 하나님의 레이더 안에 놓여 있었습니다. 그분은 우리의 머리털 하나까지도 빠짐없이 계산하고 계신 보이지 않는 눈동자였습니다. 아모스 선지자의 다림줄 강의는 내 삶의 척도가 '하나님의 눈동자'라는 사실을 이해하는 회개의 시간이었습니다.

다림줄이라는 것은 건축용 도구였습니다. 벽돌과 같은 건축 자재를 이용해서 담벼락을 쌓거나 벽기둥을 세울 때에 삐뚤어지지 않도록 균형성을 잡아주던 측정도구였습니다. 생긴 모양새는 한쪽 끝에 화살촉 같은 둥근 시계추 모양의 쇠 덩어리가 달려 있고, 길게 늘어뜨리면 수직으로 반듯하게 서 있던 건축기자재였습니다. 담벼락이나 벽기둥을 쌓을 때에 수직과 수평의 균형성을 맞추어 차근차근 담장 높이를 올바르게 쌓아 올라가고 있는지를 측정하던 잣대였습니다.

아모스 선지자의 다림줄 강의는 살아온 내 인생 자체를 거룩하신 하나님의 시각에서 측정하고 평가하던 잣대였습니다. 우리의 삶 전체를 놓고 회개를 촉구하시던 하나님을 발견했습니다. 나는 죄성에 기반을 두고 살아왔다는 것이 확연하게 들어났으며, 삶의 연수만큼 죄의 목록들이 눈앞에 펼쳐졌습니다. 한 때에는 의롭게 살고 싶은 마음도 있었지만, 대부분 결심뿐이었고 실천에 옮겼던 일은 거의 희박했습니다.

나의 겉모습은 크리스천이어도, 매번 예수를 십자가에 못 박았던 못난 죄인이었습니다.

또 네게 보이신 것이 이러하니라
다림줄을 가지고 쌓은 담 곁에 주께서
손에 다림줄을 잡고 서셨더니
여호와께서 내게 이르시되 아모스야 네가 무엇을 보느냐
내가 대답하되 다림줄이니이다
주께서 이르시되 내가 다림줄을
내 백성 이스라엘 가운데 두고
다시는 용서하지 아니하리니
암7:7-8

다림줄 강의를 듣는 내내 가장 쓰라렸던 회개는 전문가라는 얕은 지식과 경험만을 믿고 하나님과 사람들을 무시했던 교만한 행동이었습니다. 이러한 삶의 흔적들은 교만, 증오, 적개심, 이기심, 강요, 우월의식, 경쟁의식, 불신, 불안정, 죄책감, 실패의식, 자만심, 지배의식, 종속의식, 거짓행동, 완악함, 고집, 분노, 비판과 비관, 절망, 우울, 두려움 등 온갖 삶의 후유증들이 넘쳐났습니다.

하나님 앞에서도 거짓된 삶을 살았다는 것은 참으로 부끄럽고 회개해야만 할 삶의 흔적들이었습니다.

06
하나님의 음성

두려워하지 말라 내가 너와 함께 함이라
놀라지 말라 나는 네 하나님이 됨이라
내가 너를 굳세게 하리라
참으로 너를 도와주리라
참으로 나의 의로운 오른손으로 너를 붙들리라
사41:10

하나님의 인도하심

하나님의 음성을 들어본 일이 있었나요? 직접 들어보면 어떻게 말씀하시던가요? 음성을 듣는 일은 그분의 뜻을 이해하는 일이었습니다. 왜 이렇게 말씀을 하시는지 그 이유를 깨달아야만 했습니다. 이를 두고 기독교인들은 자신에게 두신 하나님의 뜻을 이해하고자 시도했습니다. 정 모르겠으면 직접 가르쳐 주시길 간구해야만 하는 일이었습니다.

하나님의 음성을 듣는 일은 제대로 훈련을 받지 않으면 매번 의심의 파도에 휩쓸렸습니다. 하나님의 음성을 듣고 난 이후에도 그분의 음성인지, 사탄의 음성인지, 아니면 내면의 소리인지를 구별하지 못할 때가 있었습니다. 하나님의 음성을 들어놓고도 불신에 사로잡혀 정확히 분별하지 못하는 안타까운 모습들도 있었습니다.

이런 불편하고 어긋난 상황을 방지하기 위하여, 나는 예수 그리스도의 이름으로 모든 상황을 통제했습니다. 오직 내면에서 예수 그리스도의 음성만을 내게 들려주실 것을 간구했습니다. 사탄의 소리도, 세상의 소리도, 내면의 소리도 모두 예수 그리스도의 이름으로 통제하고, 오직 내 안에 계신 성령하나님의 음성 듣기를 사모했습니다. 또한 후속조치를 취했습니다. 하나님의 뜻이면 어떤 상황 앞에서도 자발적으로 순종하게 하시며, 그렇지 않으면 시작조차 하지 않도록 나의 생각과 행동을 성령하나님께서 직접 통제해 주시길 간구했습니다.

기독교계의 베스트셀러였던 〈내려놓음〉과 〈떠남〉을 쓴 이용규 선교사님은 하나님의 음성을 분별할 수 있도록, 이건 직접 내 음성이라는 것을 여러 번 강하게 알아듣도록 확인시켜 주실 것을 요청했습니다. 선교사님도 하나님의 음성을 잘못 알아들을 수 있기 때문에, 하나님께서 그분의 음성을 확신시켜 주실 것을 강력히 간구했습니다.

내가 가장 듣고 싶었던 하나님의 음성은 내 인생 위에 두신 뜻이었습니다. 어릴 때부터 내 인생을 계획하신 하나님의 뜻을 명확히 깨닫고 싶었습니다. 이에 대해서 미더운 마음이 스며들 때면, 나는 미래를 내다보는 예지력이 전혀 없으니 내 삶을 하나님께서 전적으로 인도해 주실 것을 기도했습니다. 그게 최선의 선택이며, 모든 인생을 하나님께 의탁하는 현명한 지혜라고 여겼습니다.

이런 기도가 입술에서 한동안 흘러나왔던 것을 두 번 체험했습니다. 한 번은 지방 국립대를 졸업하고 석사과정을 지원할 시점이었습니다. 한참 공무원 시험을 준비하고 있었는데, 이를 내려놓고 선교훈련을 위해 석사과정을 입학하고자 마음먹었습니다. 그때에는 선교훈련을 위해 대학원 진학을 결정해야 했습니다. 미래의 삶에 대해 막연하고 전혀 알 길이 없었기 때문에, 내 인생을 하나님께 의탁하는 것이 지혜로운 선택이라고 판단했습니다. 절박했던 인생기도였습니다.

하나님!
이제 지방 국립대 대학원 석사과정 원서를 쓰려고 합니다. 경쟁력이 떨어지는 대학원 진학이 불안하기만 합니다. 모든 길을 하나님께 전적으로 의탁 드립니다. 저의 인생길을 하나님께서 책임져 주옵소서.

또 한 번은 약 4년 전에 연구원 생활을 접고자 결심했습니다. 전혀 희망도 없고 적성에도 맞지 않은 직업선택에 따른 후회였습니다. 그래서 연구원 생활을 내려놓고 작가의 길을 꿈꾸었습니다. 비전을 꿈꾸고 성취하기 위해서는 막막하고 두려운 미래를 놓고 기도해야 했습니다.

하나님!

이제 연구원 생활을 접고 새로운 인생도전을 추구합니다. 시인으로서, 작가로서 글을 쓰는 문서선교의 길입니다. 미래의 앞날은 알 수가 없지만, 오직 주님만 믿고 주님의 뜻을 쫓아 걸어가고자 합니다. 저의 인생길을 주께서 책임져 주옵소서.

절박한 심정으로 기도했습니다. 현재 주어진 세상조건을 내려놓고 새로운 도전을 꿈꾸었습니다. 하나님을 전적으로 의지하며 걸어가야만 했습니다. 주님의 인도하심을 받는 것이 최선의 인생이라는 것을 믿음으로 고백했습니다. 내겐 최선의 선택이었습니다.

하나님의 도우심

얼마나 성령님을 의지합니까? 성령님은 예수님과는 동전의 앞뒷면과도 같았습니다. 서로 떨어질 수 없는 관계였으며, 성령님은 예수 그리스도의 영이셨습니다. 예수님은 십자가 부활 사건이후 제자들을 만나고 승천하실 때에 성령하나님을 보내실 것을 약속했습니다.

제자들은 예루살렘으로 돌아가 마가의 다락방에서 기도하며 성령을 기다렸습니다. 성령은 제자들의 머리 위에 비둘기 같이 내려왔으며, 그 자리에서 기도하던 제자들은 모두 기름 부으심을 받았습니다. 마가의 다락방에 모여 기도하던 제자들에게 성령체험이 일어났으며, 이들의 입술에서는 각 나라의 방언들이 봇물처럼 터져 나왔습니다.

성령님은 위안자comforter, 또는 헬라어의 페라클레토스parakletos였습니다. 페라클레토스는 '곁에서'라는 뜻의 페라para와 '부름

받음'이라는 뜻의 클레토스kletos가 합쳐진 합성어였습니다. 이 뜻을 풀어보면 성령하나님은 우리 곁에서 돕도록 부르심을 받은 분이셨습니다. 성령의 실체는 전능하신 하나님의 영이 우리와 함께 계시며, 함께 내주해 계신다는 놀라운 사건이었습니다.

성경학자들은 우리를 '도우시는 분'보다는 '돕고 계신 분'이 더욱 적합한 의미라고 말했습니다. 어떤 상황속에서도 우리를 돕고 계신 분이 성령님이셨습니다. 나를 돕고 계신 하나님이셨습니다. 그러나 성령하나님의 임재를, 그분 안에 있는 나와 내 안에 계신 그분을 얼마나 감지하고 의지하며 살아가고 있느냐는 것입니다. 그분의 존재하심에 대한 실오라기만큼의 영적 감응이라도 교감하며 살아가고 있는가 입니다.

다행스럽게도 특별히 영적 은사를 갖고 계신 분들만이 성령하나님을 의지할 수 있는 것은 아니었습니다. 요한복음 14장 16-17절에는 우리와 함께 계신 성령하나님을 진술했습니다. 또한 고린도 전서 3장 16절에는 우리가 하나님의 성전인 것과 성령하나님이 우리 안에 계신 것을 진술했습니다. 성령하나님 안에 내가 있고 내 안에 그분이 함께 계셨습니다.

내가 아버지께 구하겠으니
그가 또 다른 보혜사를 너희에게 주사

영원토록 너희와 함께 있게 하리니
그는 진리의 영이라 세상은 능히 그를 받지 못하나니
이는 그를 보지도 못하고 알지도 못함이라
그러나 너희는 그를 아나니
너희와 함께 거하심이요 또 너희 속에 계시겠음이라
요14:16-17

너희는 너희가 하나님의 성전인 것과
하나님의 성령이 너희 안에 계신 것을 알지 못하느냐
고전3:16

성령하나님은 진리의 영이셨습니다. 우리를 구원으로 인도하고 계셨으며, 초자연적인 존재이신 성령하나님이 우리 안에 계신다는 것은 놀라운 은혜이며 기독교인의 특혜였습니다.

이와 같이 성령도 우리 연약함을 도우시나니
우리가 마땅히 빌 바를 알지 못하나니
오직 성령이 말할 수 없는 탄식으로
우리를 위하여 친히 간구하시느니라
롬8:26

성령하나님은 우리 마음을 감찰하시고 연약함을 도우셨습니다. 우리 생각은 물론이고 허물과 죄까지도 감찰하시며, 우리를 위해 날마다 탄식하셨습니다. 우리는 성령 충만함을 덧입고 그분의 도우심에 의지하여, 기독교인답게 살아가는 믿음의 인생길이었습니다.

예언기도와 영적 체험

아주 특별한 체험이었습니다. 한참 제자훈련을 받고 있던 시점에서 형제자매들은 예언기도를 받았습니다. 예수전도단에서 사역하고 계신 목사님이셨습니다. 형제자매들 사이에서 놀라운 정보들이 흘러나왔습니다.

목사님의 예언기도는 예수제자학교의 전체 영성훈련프로그램 중에서도 가장 은혜롭다는 소문들이 떠돌았습니다. 예언기도 전에 목사님이 꺼내 든 화두는 삶의 변화였습니다. 사람들은 하나님을 만나고 말씀을 듣게 되면 변화하지 않을 수가 없다는 이해였습니다. 사람들에게 하나님의 말씀이 들어가면, 변화는 자연스럽게 일어났습니다.

점차 강의시간이 흘러가며 예언기도에 대한 보따리를 풀어놓았습니다. 예언에 대한 올바른 이해를 촉구했습니다. 성령의 은사인 예언사역은 위로와 격려에 중점을 두었으며, 우리의 삶을 풍요롭게 가꾸는 것이었습니다. 예언사역은 신령한 영적 은사라는 점에서 명백했지만, 심령술사나 무당과 같은 기복적인 종교행위와는 거리가 멀었습니다.

하지만 일부 기독교인들은 너무 쉽게 기복신앙의 세계로 빠져들었으며, 예언기도는 샤머니즘과는 확연히 차이가 났습니다. 이런 점에서 강의 내내 훈련생들에게 주의를 당부했는데도 예언기도를 받고 나면 다시 찾아와서 자신의 미래에 대해 좀 더 많은 것을 가르쳐 줄 것을 기대했습니다. 목사님은 기독교인의 샤머니즘적인 성향을 접할 때마다 무척 난감했으며, 예언사역에 대한 영적 주의를 환기시켰습니다.

왜 기독교인들은 쉽게 주술적인 성향에 빠져드는 것일까요? 한국역술인협회에 따르면 국민의 1%가 역술인이며, 이들을 찾는 손님의 30% 이상이 기독교인이었습니다. 기독교인들이 점집과 무당을 찾아가는 행위, 또는 장난삼아 타로카드와 같은 주술적인 것을 이용해 자신의 미래를 알려고 하는 미신적인 행동들도 난무했습니다.

나는 목사님의 예언기도를 받았습니다. 옆에서 함께 예언기도를 받았던 형제가 녹음 파일을 넘겨주었습니다. 나에 대한 목사님의 예언기도 전문이었습니다. 구원의 통로로서 생명을 살리는 일에 사용하시겠다던 주님의 음성이었습니다.

장기 형제님을 사랑하시고

하나님이 부르실 때에 이렇게 말씀하세요.

"사랑하는 내 아들 장기야."

하나님께서 형제님의 이름을 아십니다. 이름을 안다는 것은 이름만 아는 것이 아니라 인생 전체를 다 아신다는 것입니다. 형제님이 어떻게 살아왔고 어떻게 잃어버렸는지 어떻게 견디었고 비바람을 어떻게 걸어 왔는지, 또 곤고한 중에 믿음을 어떻게 지켰는지 주께서 다 아십니다.

너의 간절한 기도를 내가 기억한다. 네가 밤마다 했던 기도를 내가 아직도 생생히 기억한다. 너의 탄식을 기억한다. 너의 믿음의 눈빛을 내가 기억한다. 은혜를 구했던 간구를 기억한다. 내가 너를 만났고 내가 너의 영원한 아버지가 될 것이다. 내가 너를 홀로 고아처럼 두지 않을 것이며

우리 형제님 고아가 아닙니다. 마치 이렇게 고아처럼 살아왔다고 말씀하십니다. 인생 한복판에서 비바람을 맞아 가면서

어쩌면 형제님에게 있어서 인생은 버거운 징벌처럼 느꼈다고 말씀하셨습니다. 나에게 인생은 이런 거다. 인생은 내 스

스로 풀어야만 될 거대한 문제구나. 영원히 해답이 없는 것처럼 말입니다. 주께서 형제님 안아 주신다고 말씀하십니다. 아버지 품에 안긴 아이가 되게 하실 것입니다. 하나님께서 모든 문제를 풀어주실 것입니다. 여태까지 있던 문제들, 앞으로 있게 될 수많은 문제들 마치 수학공식을 풀듯이 하나님께서 기가 막히게 풀어 주실 것입니다. 하나님께서 우리 형제님 해답이 되실 것입니다. 아시게 될 것입니다.

내가 평생 찾아왔던 해답은 하나님이셨구나. 내가 그렇게 인생의 답을 찾았는데 그 답은 여기 있었구나. 저기 있는 것도 아니고 여기 있는 것도 아니고 저 먼 곳에 있는 것도 아니고 예수 안에 있었구나. 깊이 깨닫는 아들 되게 해 주실 겁니다.

우리 형제님 별명이 기쁨이 넘치는 아들이 되게 하실 겁니다. 답을 얻은 아들이 막 좋아서 춤을 추듯이 우리 형제님 삶을 그렇게 회복하시고 누리게 하시고 넘치게 해 주실 겁니다.

그래서 올해는 축제의 해가 될 겁니다. 무슨 말인지 아시게 될 겁니다. 모든 게 다 터져 나오게 될 겁니다. 소망이 터져 나오고 기쁨이 터져 나오고 형제님 은사가 풀어지고 지금 여태까지 잘 살아왔지만 하나님 풀어주시는 그 능력과 은사 안에서 더 풍성하게 사시게 될 겁니다. 더 많은 사람을 돕게 될 겁니다. 더 많은 사람을 살리게 될 겁니다. 더 많은 사람들을 회복하게 되실 겁니다.

이렇게 말씀하세요. 아들아, 너가 많은 사람을 살리게 될 것이다. 더 많은 사람을, 육체뿐만 아니라 영혼까지도 살리게 될 것이다.

너는 나의 구원의 통로가 될 것이다.

하나님의 음성

간절히 기대했던 것은 하나님의 음성이었습니다. 그러나 왜 하나님의 음성을 듣는 것에 둔감한 것일까요? 성경에는 말씀, 설교, 환상, 꿈, 예언과 방언, 입신, 내면의 소리 등 하나님께서 다양하게 말씀하신 것을 알 수가 있습니다. 하나님의 음성을 들어야만 하는 것은 그분의 말씀에 순종하는 삶을 살아가려는 믿음의 발로였습니다. 하지만 음성을 듣고 불순종의 삶을 선택한다면, 차라리 듣지 않는 것이 훨씬 편했습니다.

나는 사람들이 잘못하면 사탄의 음성을 듣고 하나님의 음성을 들었다며, 좋아할 수도 있다는 생각이 들었습니다. 하나님의 음성을 분별할 수 있는 영적 귀가 없으면 너무 쉽게 사탄의 음성에 속아 넘어갈 수도 있었습니다. 우리가 사탄의 음성을 듣고 속아 넘어가서 하나님의 음성이라고 믿고 행동한다면 답답하고 한심한 노릇이겠지만, 하나님은 무척이나 뻴쭘하셨을 것입니다. 자녀인 우리가 사탄의 소리를 하나님의 음성이라고 잘못 믿고 따랐으니까요.

마태복음 13장 15절에는 "이 백성들의 마음이 완악하여져서 그 귀는 듣기에는 둔하고 눈은 감았으니 이는 눈으로 보고 귀로 듣고 마음으로 깨달아 돌이켜 내게 고침을 받을까 두려워함이라 하였느니라"라고 말씀하셨습니다. 모두가 하나님의 음성을 듣고자하는 것도 아니었으며, 또한 완악하여 음성을 들어도 영적으로 둔감하면 제대로 들을 수가 없었습니다.

하나님의 음성을 듣고도 둔하기 때문에 눈을 감아버렸습니다. 그분의 음성은 눈으로 보고 귀로 듣고 마음으로 깨달아야만 하는데도, 마음이 완악해서 고침을 받을까봐 두려워했습니다. 세상적인 유익을 잃어버릴까봐 하나님의 음성을 듣고도 그분의 뜻에 순종하는 것을 거부했던 것입니다.

나는 하나님의 음성을 무척 사모했습니다. 그때에는 일상생활에서 사소한 것까지도 하나님의 음성을 듣고 순종하는 삶을 기대했습니다. 전문인선교훈련학교[OPMS]에는 '하나님의 음성듣기'라는 별도 훈련프로그램을 개설했습니다. 이때에 본 동영상에는 목장의 주인이 양떼를 부르면, 주인의 음성을 듣고 사방에서 몰려왔습니다. 양떼들은 목장 주인의 음성을 듣는 일에 친숙해져 있었지만, 일부 양떼들은 그렇지 않았습니다. 눈앞에 있는 풀을 뜯어 먹기에도 바쁜 나머지 주인의 음성을 듣고도 모르는 척했습니다.

또한 하나님의 음성을 듣는 방법은 다양했습니다. 기도 중에 심령 깊은 곳에서 들려왔다는 사람들, 환상을 통해서 들었다는 사람들, 꿈속에서 들었다는 사람들, 성경말씀을 통해서 들었다는 사람들을 보았습니다. 눈앞에서 하나님을 마주보며 직접 들었다는 사람들은 거의 없었습니다.

하지만 출애굽의 지도자 모세는 남달랐습니다. 하나님의 음성은 심금같이 세밀하게 들려오지는 않았습니다. 모세는 현현하신 하나님의 음성을 직접 들었습니다. 하나님은 시내산으로 강림하셨습니다. 모세는 불에 타지 않던 떨기나무 불꽃을 보려고 점점 가까이 다가왔으며, 하나님은 그의 호기심을 자극했습니다.

여호와께서 그가 보려고 돌이켜 오는 것을 보신지라
하나님이 떨기나무 가운데서 그를 불러 이르시되
모세야 모세야 하시매
그가 이르되 내가 여기 있나이다
출3:4

우리 주변에는 하나님의 음성을 계속하여 듣고 있는 사람들도 여럿이 있었습니다. 특히 기도 중에 하나님의 음성을 듣는 분들도 있었습니다. 그들은 조용기 목사님, 김하중 장로님, 손기철 장로님과 같은 분들이었습니다.

이 분들 중에서도 주중대사를 지냈던 김하중 장로님이 가장 부러웠습니다. 내가 감명 깊게 읽었던 〈하나님의 대사 Ⅰ, Ⅱ, Ⅲ〉은 하나님의 음성듣기에 대한 김하중 장로님의 간증서적이었습니다. 하나님의 대사는 '기도와 음성듣기'라는 말로 전체 간증내용을 정리할 수도 있었습니다. 하나님의 음성 중에서도 가장 마음에 와 닿고 부러웠던 것은 외손녀에게 아토피가 생기고 난 이후 딸이 이메일로 보내온 기도 제목의 응답이었습니다. 아토피가 있는 외손녀에게 음식을 먹이는 것에 대한 하나님의 음성듣기였습니다.

나는 딸이 보낸 리스트를 앞에 두고 기도했다.
'하나님, 이 아이에게 생우유를 먹여도 될까요?'
'안 된다.'
'계란은 먹여도 될까요?'
'안 된다.'
'브로콜리는 먹여도 될까요?'
'된다.'
'시금치는 먹여도 될까요?'
'된다.'

'두부는 먹어도 될까요?'

'된다.'

'소고기는 언제부터 먹이면 됩니까. 금년 12월부터 먹일까요?'

'안 된다.'

'내년 1월부터 먹일까요?'

'안 된다.'

'내년 2월부터 먹일까요?'

'안 된다.'

'내년 3월부터 먹일까요?'

'그렇게 해라.'

김하중 장로님은 하나님의 음성을 듣고 난 다음날, 하나님의 응답을 적어 딸에게 이메일을 보냈습니다.

생우유와 계란은 먹이면 안 되고, 나머지는 다 가능함.

그리고 소고기는 내년 3월부터 먹일 것

내가 너무 소원했던 하나님의 음성듣기였습니다. 내겐 목숨이 경각에 달린 사람들의 질병 치료, 선천적 · 후천적 장애의 치료 등 기적적인 음성듣기도 매우 중요했지만, 사소한 일들 속에서 하나님의 임재를 누리고 싶었습니다.

내가 소원했던 하나님의 음성 듣기는 일회성이 아니라, 일상생활에서 하나님과 동행하는 삶의 기쁨을 누려보고 싶었습니다. 내 안에 계신 하나님과 실시간 채널을 확보하고 그분의 음성을 들으며 내 삶의 방향과 내용을 선택하고 싶었습니다. 내게도 김하중 장로님과 같은 기도의 은사를 주실 것을 사모하며, 매일 하나님 앞으로 나아가 무릎을 꿇었습니다.

열대의 스콜 속에서

아침부터 후덥지근한 태양의 열기가 쏟아졌습니다. 필리핀 앙헬레스 시티의 아침은 군가와 같은 노래들로 시작했습니다. 나는 한동안 기러기 아빠로 살았습니다. 아내와 딸들은 필리핀 클락으로 유학을 떠났으며, 나는 한국에서 홀로 생활했습니다.

2013년의 여름휴가 시즌이었습니다. 아내와 딸들이 동남아 유학을 떠난 지 2년 정도 흘러갔을 시점이었습니다. 마닐라 북쪽의 산페르난도 앙헬레스 시티에서 생활하고 있던 아내와 딸들은 에셀팍에서 테레사팍으로 이사했습니다. 낯선 이국땅에서 이사했다는 말을 듣고 일주일 간 여름휴가를 내고 클락으로 날아갔습니다.

나는 새롭게 이사한 집에서 아내와 딸들의 유학생활을 위한 기도의 단을 쌓아주고자 했습니다. 필리핀으로 여름휴가를 떠나기 전에 마음에선 기도의 단을 쌓으라는 깊은 감동이 밀려왔습니다. 이상했습니다. 기도의 단을 열심히 쌓아 놓아야만 할 것 같았습니다.

여름휴가 기간 내내 딸들이 학교 간 틈을 타서 며칠 째 골방에서 기도의 단을 쌓고 있었습니다. 한 참 기도의 단을 쌓다보면, 밖에는 갑자기 열대성 소나기인 스퀄이 한 시간씩 쏟아졌습니다. 물폭탄을 쏟아 붓는 것과 같은 소나기 세례였습니다. 한순간에 주변 시내는 온통 물난리가 났습니다. 그날도 여지없이 스퀄이 쏟아졌습니다. 한국으로 되돌아갈 날도 이틀 정도 밖에 남지 않았을 때였습니다. 골방에서 기도의 단을 쌓고 있던 중에 마음 깊은 곳에서 갑자기 음성이 들려왔습니다.

아들아, 아무 걱정하지 말고 한국으로 잘 돌아가거라.
너의 아내와 아이들은 내가 잘 돌볼 테니.
너무 걱정하지 말고
한국으로 돌아가서 생활비나 잘 부쳐 주거라
소중한 내 딸들이란다.

처음 음성을 들었을 때에는 섬뜩한 생각과 함께 당혹감과 기쁨이 함께 몰려왔습니다. 그리고 갑자기 이상한 생각도 스쳐 지나갔습니다.

"어, 이게 뭐지?"

잠시 마음을 가라앉히고 혼돈과 기다림의 시간을 보내야만 했습니다. 너무 갑작스러운 상황을 정리해야만 했습니다. 그리고 마음에는 확신이 솟아올랐습니다.

"아아, 하나님의 음성이구나!"

나는 급하게 거실로 달려갔습니다. 거실에 있던 아내에게 들뜬 기분으로 말했습니다.

"자기야, 나 하나님의 음성을 들은 것 같아."

아내는 조금 놀란 표정이었습니다. 하지만 아무런 대답도 없었습니다. 잠시 숨을 몰아 쉰 이후, 하나님의 음성은 내가 기대했던 것과는 많이 다르다는 것을 알았습니다. 아브라함과 같이 하늘의 뭇별과 같은 자손을 주시던지, 이삭과 같이 백배의 축복을 주시던지, 또는 획기적인 인생 반전과 같은 예언과 치유의 능력을 주시겠다는 약속과는 너무 거리감이 컸습니다.

생전 처음 들었던 하나님의 음성치곤 너무 싱거운 것만 같았습니다. 혹시 하나님께서 내게 주시고 싶은 특별한 은사나 비밀스러운 음성을 빠뜨려놓고 잘못 말씀하셨거나, 내가 제대로 듣지를 못했는지 의문도 생겨났습니다. 하나님의 음성을 듣고 기뻤지만, 구체적인 이유를 알기까지는 한동안 묵상의 시간이 필요했습니다. 이틀 후, 클락 공항에서 인천공항으로 진에어Jin Air를 타고 열도 근방을 날아올랐을 때였습니다. 나는 하나님의 음성을 계속하여 묵상하고 있었습니다. 그때에 마음속에서 깨달음의 음성이 제대로 들려왔습니다.

아내와 딸들에게 이방 나라인 필리핀 유학생활의 모든 것을 하나님께서 책임지시겠다는 약속이었구나. 하나님께서 모든 것을 직접 주관하시겠다는 말씀이었구나. 내게 맡기신 일은 유학비용을 보내는 것뿐이구나.

하나님께서는 나와 역할 분담을 나누셨습니다. 그리고 몇 년의 시간이 흘러갔습니다. 하나님의 음성에 대한 결과는 더욱 확실해졌습니다. 딸들의 필리핀 유학기간은 예상보다 3~4년씩 앞당겨 졌습니다. 중학교부터 대학졸업까지 10년 이상을 예상했던 유학기간은 2017년 12월에 대학졸업과 함께 끝났습니다. 딸들은 약 6년만에 중학교부터 대학 졸업장까지 모두 받아냈습니다. 아내와 딸들의 유학생활을 머리털 하나 상하지 않게 돌보셨으며, 하나님의 음성은 놀라운 은혜를 낳았습니다.

예수제자학교

JESUS DISCIPLES SCHOOL

07
큐큐의 간증 퍼레이드

그들이 사도의 가르침을 받아
서로 교제하고 떡을 떼며 오로지 기도하기를 힘쓰니라
사2:42

내적치유 vs 신앙 간증

치유라는 것은 심리적이고 육체적으로 악화된 건강상태를 회복하는 일이었습니다. 불치병을 앓고 있던 암환자와 같은 분들을 위한 산림치유, 또는 정신 장애를 앓고 있는 사람들의 심리치유와 같은 것들이 대표적인 사례였습니다.

하지만 기독교에서도 내적치유라는 용어를 종종 사용했습니다. 내적치유는 육체적인 건강회복과는 달리 하나님의 말씀이 우리 안에 들어오면 심령 안에서 회개가 일어나고, 우리의 내면 상태가 점점 놀라운 변화를 맞이했습니다. 이기적인 현대사회로 전환되면서 기독교의 내적치유에 대한 관심이 월등히 증가했습니다. 목회상담 블로그에서 접했던 스캘란(M. Scanlan) 목사님의 내적치유에 대한 이해였습니다.

내적치유란 속사람을 치유하는 것을 말한다. 여기서 속사람이란 우리가 보통 정신, 의지 또는 마음이라고 일컫는 지적,

의지적, 감정적 영역들을 말하지만, 또한 정서, 심리, 혼, 영과 관련된 영역들도 포함된다. 내적치유는 흔히 육체적 치유라고 불리우는 외적인 치유와는 구별되는 것이다.

(목회상담, 내적치유란 무엇인가 中에서)

내적치유는 외적치유인 육체적인 건강회복과는 다르게 보았습니다. 외형적인 건강회복과는 달리 속사람의 변화를 추구하는 것이 내적치유였으며, 이런 속사람의 특성은 우리의 정신과 심리, 혼과 영을 지칭하던 내면 세계였습니다. 속사람은 우리가 정신과 의지, 또는 마음이라고 일컫고 있는 지적, 의지적, 감정적인 영역들이었습니다.

우리의 내면세계였으며, 이런 내적치유 방법 중의 하나가 큐큐[Q·Q]였습니다. 큐큐는 신앙 간증을 통한 내면세계의 회복이었습니다. 형제자매들의 신앙 간증을 통해서 살아계신 하나님을 직접 체험할 수 있는 은혜의 순간들이었습니다. 예수제자학교 185F조의 형제 여섯 명은 경기도 포천 광림세미나 하우스의 조용한 방에 둘러앉았습니다.

모두들 하나같이 벼랑 끝에서 만났던 하나님의 은혜를 간증하기 시작했습니다. 초저녁부터 시작했던 큐큐의 신앙 간증은 밤새워 새벽까지 이어졌습니다. 깊은 회개와 고백의 시간들을 통해서, 진솔했던 영적 체험의 신앙 간증들이 봇물처럼 터져 나왔습니다.

마치 기독교인의 인생여정은 하나님의 구원과 감사, 은혜와 인도하심 그리고 회개의 종합세트였습니다. 너무 유치한 것 같아도, 막장골목에서 나를 구원하신 십자가의 사랑과 구원, 그리고 절박했던 내 인생 속에서 붙잡았던 하나님의 은혜와 위로를 함께 나누었습니다. 큐큐[Q·Q]는 내 인생에 개입하셨던 하나님의 은혜를 신실하게 나누는 일이었으며, 또한 다가올 미래의 삶에서도 함께하실 하나님의 은혜를 확신하는 일이었습니다.

하지만 여기에서 말하는 큐큐[Q·Q]의 원전은 퀘이커 교도의 인생 질문법이었습니다. 퀘이커 교도들은 하나님의 은혜를 나누기 위해 일종의 영적 고백서인 큐큐를 활용했습니다. 퀘이커 교도의 퀘이커는 “하나님 앞에서 벌벌 떤다.”라는 뜻을 갖고 있었으며, 하나님 앞에서 경건의 두려움에 휩싸여 회개의 단을 쌓던 인생고백서였습니다.

그렇지만 정통 기독교에서는 퀘이커 교도의 교리 해석 때문에 그들을 이단으로 취급했습니다. 퀘이커 교도는 17세기 영국의 조지 폭스[G. Fox]가 명상운동으로 시작했던 종교 친우회의 성격을 갖고 있었으며, 그는 인간의 내면에는 하나님의 신성이 있고 형제자매들 간에 서로 연합하기를 원하는 친교를 교회성장의 밑거름으로 삼아야만 한다고 주장했습니다.

신앙공동체 내의 훈련 방법으로 활용했던 것이 큐큐Q·Q였습니다. 신앙공동체 내에서 자신의 인생경험을 솔직하게 털어놓고 내면 깊이 남아 있던 죄의 찌꺼기를 씻어내던 간증사역의 수단이었습니다. 하지만 퀘이커 교도의 종교적인 성향은 기존 교회조직과 성경의 권위를 부인했습니다. 이들은 신이 심어준 자신의 내면적인 목소리inner voice에 따라 행동할 것을 권고했습니다. 종교적인 특성은 내면의 목소리를 듣고 양심에 따라 행동하는 인도주의적인 성향을 강조했습니다. 이들은 미국 개척시대에도 인디언들과의 우호적인 관계를 오랫동안 유지했습니다.

나는 퀘이커 교도의 질문지Quaker's Question인 큐큐를 처음 접했을 때에는 그 자체가 내적치유를 위한 목적인지, 회개를 위한 신앙고백인지 잠시 의문에 잠겼습니다. 오랜 고민 끝에 결론을 내렸습니다. 신앙 고백의 형태는 다양할 수 있고 하나님과 나와의 영적 관계를 올바르게 세우는 일이 개별적인 신앙성장에서 가장 중요할 것이란 이해였습니다. 신앙공동체 내에서 주로 사용하는 큐큐Q·Q의 질문 형태였습니다.

- 형제님의 이름, 생년월일, 가족관계, 고향 등은 어떻게 되십니까?

- 지금까지 살아오면서 영적 · 정신적 · 육체적으로 가장 힘들고 추웠던 일은 무엇입니까?

- 지금까지 살아오면서 영적 · 정신적 · 육체적으로 가장 따뜻하고 즐거웠던 일은 무엇입니까?

- 형제님은 언제 예수님을 인격적으로 만났습니까? 형제님은 하나님의 임재를 느꼈던 영적 체험이 있습니까? 만약 있으시면 어떤 내용이었습니까?

오늘날 큐큐Q · Q를 활용한 내적치유와 신앙 간증은 선교단체에서도 빈번하게 활용했습니다. 예수전도단에서는 신앙공동체 내에서 상대방을 알아가는 친교의 목적을 갖고 있는 '아이스브레이킹ice breaking'이라고 불렀습니다. 형제자매들 사이에서 낯설고 서먹서먹했던 감정을 해체시키는 일이었습니다. 큐큐는 개별적으로 행하신 하나님의 은혜를 나누며, 형제자매들 간의 영적 공감대를 높일 수 있는 신실한 인생 나눔의 현장이었습니다.

큐큐의 불협화음

갑자기 거룩한 혐오가 떠올랐습니다. 숨겨진 진상을 모르고 실천했을 때에는 거룩한 것만 같았는데, 갑자기 숨겨진 의도가 밝혀졌을 때에는 짙은 혐오감이 몰려왔습니다. 우리 속담에는 “모르는 게 약”이라는 말과도 통했습니다.

길거리를 걷다가 기독교인을 만나 한참 신앙상담을 받을 때에는 기분 전환이라도 된 듯이 기분이 좋았는데, 상담을 나누었던 그 사람이 갑자기 신천지라고 말하면 황당하다 못해 거친 싸움이 벌어졌습니다. 이단들에게 예수 그리스도와 신앙생활에 대해 상담을 나누었다는 것 자체가 역겨운 감정을 불러냈습니다. 이런 갈등 상황은 대순진리회 출신과의 길거리 다툼에서도 종종 벌어졌습니다. 사이비 이단들과의 접촉이나 만남 자체에 대한 거부감이었습니다.

이런 현실 상황을 맞닥뜨리고 나면 이단에 대한 기독교인의 적합한 태도가 무엇이냐에 대한 뚜렷한 이해가 필요했습니다.

나는 이단이라는 말을 듣기만 해도 알레르기성 거부반응을 일으켰습니다. 이단은 악성종양과 같은 존재라며 무조건 거부했습니다. 시한부 종말론을 내세우는 것은 무조건 이단종파였으며, 성경적인 진리를 종교적으로 편취하고 있다는 생각이었습니다. 또한 예수 재림시기를 놓고 말세론을 주장하는 등 왜곡된 사회문제의 주범이기도 했습니다.

이단들의 신앙적인 특성은 사람들의 두려움을 이용했습니다. 마음 속 두려움을 도용해서 자의적으로 해석한 신앙관을 주입시켰으며, 교세확장을 위한 포교활동에도 치중했습니다. 이단들은 교세 확장과 교리 무장을 위한 도구적인 교육프로그램을 자의적으로 개발해서 활용했습니다. 이단들에 대한 적대적인 반감인식 때문인지, 한동안 큐큐[Q·Q]나눔을 진행하는 것이 신앙적으로 옳은가에 대한 정체성 혼란을 느꼈습니다.

그 이유는 단지 이단종파에서 개발한 영적 자기소개서라는 점이었습니다. 이 점이 마음에 걸렸습니다. 정통교회에서 이단종파의 신앙훈련 도구를 사용하는 것이 크게 내키지는 않았습니다. 내적치유와 영적 성장의 목표보다는 정통교회에서 이단종파의 신앙도구를 활용하는 것에 대한 반감이었습니다.

실제 광림세미나 하우스에서 형제들과 큐큐나눔을 실천하기 전까지는 짙은 의심을 저버릴 수가 없었습니다. 예수제자학교에서 큐큐를 신앙공동체의 훈련 도구로서 사용하는 것도 다소 불편했습니다. 하지만 개별적인 감정보다는 더욱 조심스럽게 접근해야만 했습니다. 큐큐 나눔에서 각별히 신경을 써야만 했던 점들이었습니다.

첫째, 큐큐 나눔은 자신의 연약함을 진솔하게 예수 그리스도의 빛 가운데로 드러내야 한다. 과거의 기억 속에 파묻혀 있던 뼈아픈 상처를 하나님 앞에서 있는 그대로 드러내는 용기가 필요하다.

둘째, 마음속의 깊은 상처를 품고 서로 이해하기 위해서는 기도로 충분히 준비해야 한다. 실제 큐큐 나눔을 갖다보면, 은혜보다는 막연히 자신의 인생이야기를 떠들며 횡성수설 시간을 잡아먹는다.

셋째, 큐큐 나눔의 시간 배정이다. 다소 부족해도 정해진 시간 내에서 진행하는 것이 적합하다. 그렇지 않으면 언제 끝날지도 모를 엄청난 분량의 하소연을 들어야만 한다.

넷째, 큐큐 나눔은 다른 곳에서 절대 발설하면 안 되는 금기사항이다. 비밀이야기를 누설하면 사탄마귀의 도구가 되어 주변 형제들을 실족하게 만든다.

영적 자기소개서의 작성

기독교인은 두 개의 이력서를 소유했습니다. 하나는 세상적인 이력서였고, 또 하나는 영적 이력서였습니다. 영적 이력서는 신앙생활의 성적표였습니다.

큐큐[Q·Q]는 영적 이력서이자 자기소개서였습니다. 작성내용에서도 경쟁위주의 세상 경력과 능력만을 표기하던 세상 이력서와는 크게 달랐습니다. 세상 이력서는 자신의 경험과 잠재능력을 부각해서 면접관들이 크게 호감을 갖도록 작성했습니다. 나의 경력을 상품화하는 것이 세상 이력서였습니다. 면접관들이 나의 이력서와 자기소개서를 읽고 잠재능력을 인정하게 만들어야만 했습니다. 그래야지만 매력적이고 성공적인 이력서의 작성 형태였습니다.

하지만 큐큐는 하나님 앞에서 쓴 자기소개서였습니다. 교회에서는 신앙 간증이라고 불렀습니다. 주로 하나님과 나와의 관계에 대한 소개였습니다. 하나님께서 나를 이끄신 환경과 사건들 속에서, 하나님의 개입이 어떻게 내 삶의 변화를 불러냈는지를 고백하는 일이었습니다.

그래서 큐큐는 영적 고백이고 간증이었으며, 하나님과 나와의 관계였습니다. 그러나 모든 것을 솔직하게 고백하지 못했으며, 소개하기에는 부끄러운 것들이 많았습니다. 끝내 용기있게 속마음을 드러내지 못했습니다.

왜 모든 것을 다 털어낼 만큼, 하나님 앞에서 진솔한 영적 고백들이 이루어지지 않았을까요? 자신의 허물을 진실하게 쏟아낼 만큼 하나님을 의지하는 자신감도 없었습니다. 자신의 허물을 쏟아내며 눈물로 하나님의 은혜를 사모하던 형제들도 있었습니다. 솔직한 고백과 탄식이 감동의 눈물이 되어 과거의 기억을 타고 흘러내렸습니다. 형제들은 살아온 인생여정은 달랐어도, 개인의 삶 속에는 하나님의 개입이 뚜렷하게 남아 있었습니다. 어쩌면 조각칼로 뚜렷하게 암각화를 새겨 놓았는지, 하나님께서 역사하신 흔적들은 놀라운 신앙 간증으로 되살아났습니다. 나는 큐큐를 '하나님과 함께 했던 공감적인 은혜의 이야기이다.'라는 말로 정의했습니다. 하나님과의 영적 관계는 어느 누구도 알지 못했던 체험적인 간증사례였습니다.

또한 형제들의 개별 간증은 온통 "나는 너의 하나님이다."는 믿음의 확증이기도 했습니다. 형제들은 자신들의 인생에서 만났던 하나님과의 이야기를 쏟아내며 붉은 눈물을 한 움큼씩

흘렸습니다. 개별적인 인생 위에 기록된 영적 체험기였습니다. 내 인생 위에 새겨진 암각화처럼 하나님의 살아계심에 대한 간증기록이었습니다.

큐큐의 간증퍼레이드

큐큐 나눔의 참석자는 모두 간증자였고 중보기도자였습니다. 오른편에 앉아 있던 형제의 축복기도가 끝나면 다 함께 찬송을 부르며, 다음 형제가 신앙 간증을 이어갔습니다. 큐큐 나눔이 진행될수록 동병상연(同病相憐)의 하나님 은혜가 하나 둘씩 묻어났습니다.

나는 형제들의 신앙 간증을 메모했습니다. 형제들의 간증사례를 조금씩 집필과정에서 인용하고 싶다며 사전양해를 구했습니다. 신앙간증은 영적 체험의 사례였습니다. 성경은 하나님께서 개입하셨던 이스라엘의 역사를 기술하고 있듯이, 큐큐는 개인의 삶속에 개입하셨던 구원 사건이었습니다.

● S형제의 큐큐 나눔

삶의 뒷면을 보는 것만 같았습니다. 귀공자 같았던 겉모습과는 달리, 매우 격동적인 청소년기를 보냈습니다. 마치 거대한 인생 쓰나미가 덮쳐왔던 반항적인 청소년기를 겪었으며, 자살시도 등 탈선 궤도를 맴돌았습니다. 방황할 수밖에 없었던 주된 이유는 가정과 사회에 대한 불만 때문이었습니다. 자신의 청소년기를 낭떠러지와 같았던 인생절망기라고 표현했습니다. 일찍 결혼했지만 성격 탓에 전부인과도 헤어졌습니다. 전부인과 헤어진 이후 지금의 아내를 만났습니다.

자신과 같이 허물 많은 사람을 남편으로 맞아준 아내에게 무척 감사했습니다. 형제는 가장 암울했던 시기에 예수님을 만났고 자신의 삶이 변화하는 것을 체험했습니다. 형제의 신앙 간증은 자살 선택과 이혼 등 암울했던 인생 골짜기에서 벗어날 수 있었던 것은 하나님의 은혜라며 고백했습니다. 삶의 주인되신 하나님을 찬양했습니다.

● H형제의 큐큐 나눔

형제는 시골 출신이었습니다. 지금과는 달리 청소년기에는 사고뭉치였습니다. 못된 동네 형들과 어울려 다녔으며, 하는 일마다 사고를 치고 고등학교를 졸업하기 전에 가출해서 서울로 올라왔습니다. 서울 생활은 월급을 제대로 받지도 못했으며, 또래 아이들이 아침에 등교하는 것을 볼 때가 제일 부러웠습니다.

첫 직장은 귀금속 가게의 점원이었습니다. 형제의 성장과정에는 질 나쁜 동네 형들과 어울려 가출했던 경험도 여러 번 있었으며, 가출경험은 너무 힘들고 괴로웠습니다. 그러나 힘들고 어려웠던 상황 속에서도 크리스천이셨던 어머니의 기도와 사랑만큼은 마음 깊이 남아 있었습니다. 지금은 주일예배를 성심껏 섬기고 감사하는 신앙생활 속에서 은혜가 넘친다며 고백했습니다. 인생 승리의 비결은 하나님이셨습니다. 어머니의 눈물어린 기도 위에 세움 받은 형제였습니다.

● G형제의 큐큐 나눔

어머니가 돌아가시고 난 이후 형제들과의 관계에서 큰 상처를 받았습니다. 형제를 끔찍이 감싸주셨던 어머니의 사랑이 다른 형제들에게 가슴 아픈 상처를 남겼습니다. 다른 형제들의 질투를 생각하지 못했습니다. 형제의 간증은 야곱이 요셉을 더욱 사랑했고 그 일로 형제들에게 배신을 당했던 것과 같은 입장이었습니다. 지금도 부모님에게 물려받은 재산 상속을 놓고 형제들과 갈등하고 있다며 안타까워했습니다. 부모님의 유산 상속을 놓고 형제간에 싸울 수밖에 없었던 상황에서, 이제는 하나님의 뜻이 어디에 있는지를 묻고 있다며 모두에게 기도를 부탁했습니다.

또한 아내와 이혼할 뻔했던 위기의 순간을 힘들게 털어놓았습니다. 부부 간의 성격차이였습니다. 아내와의 관계에서 좀 더 포용적이지 못했던 소심한 성격을 회개했습니다. 답답하고 암울했던 인생문제에 가로 막혀 있을 때에, 하나님의 사랑과 인도하심을 체험했다며 감사의 눈물을 흘렸습니다. 하나님은 형제에게 사랑이셨습니다.

●L형제의 큐큐 나눔

형제는 젊은 시절에 매우 공부를 잘했으며, 오랫동안 사법시험을 준비했던 고시생이었습니다. 하지만 계속된 사법시험의 준비과정에도 고시를 합격하지 못했으며, 이후 사회생활을 하다가 예수를 만난 것은 겨우 4년 정도였습니다. 가장 서글펐던 시기에 예수 그리스도를 만났으며, 그때가 자신의 인생 전환기라고 고백했습니다. 형제는 기독교 관련 회사에서 근무할 때 크리스천 사장의 경제관에 대하여 많이 실망했습니다.

예수 그리스도를 만나기 전에는 아내와의 이혼까지도 결심했습니다. 계속된 가정불화 속에서, 평상시 알고 지내던 지인의 소개로 아버지학교를 이수했습니다. 아버지학교의 이수과정에서 예수님을 깊이 만났으며, 그 덕분에 가정 내의 부부갈등은 거의 사라졌다고 간증했습니다. 예수 그리스도를 만난 이후의 부부관계는 훨씬 인격적으로 변화했으며, 자신의 경제관에 대한 개념도 많은 변화가 일어났습니다. 예수님은 구원의 방주이셨습니다.

● 나의 큐큐 나눔

나는 늘 먼지와도 같이 느꼈습니다. 어쩌면 인생이 이토록 지독하게 역겨울 수가 있었는지 모든 세월을 토해내고 싶었습니다. 지금까지 살아오며, 삶의 여유와 기회라는 것을 한껏 누려 본 일이 없었습니다. 가장 시급했던 것은 먹고 살아야만 했던 경제적 독립이었습니다.

나의 꿈은 초등학교 4학년 이후 완전히 무너졌습니다. 그때부터 좌포자기自暴自棄였습니다. 매번 도전하고 노력했지만 그 결과는 참혹했습니다. 각종 전문직 채용시험에서 최종 면접까지 올라갔어도 끝내 좌절할 때가 많았습니다. 한때에는 정말 대한민국이 싫었습니다. 한 번으로 끝나지 않고 수십 번씩 지원해도 실패했습니다. 해가 거듭될수록 실패의 경험들을 쌓아 갔습니다. 지방대 출신으로 박사학위를 받고도 뚫어볼 수 있는 사회적 기회는 거의 없었습니다. 매번 열등감과 소외감에 사로 잡혔습니다.

어느 날 하나님은 나에게 영적 이력서를 쓰게 하셨습니다. 이제야 온갖 실패 속에서도 인생 해답을 간구하셨으며, 그 해답은 하나님이셨습니다. 이때부터 새로운 눈을 뜨고 글을 쓰는 작가로서 문서선교를 위해 쓰임 받을 수 있도록 놀라운 비전을 품었습니다. 하나님은 절망 속의 희망이셨습니다.

큐큐 나눔

우리들의 삶 속에서 함께 계셨던
하나님 이야기를 듣고 나누다가

서로서로 하나님 은혜에 빠져
밤새 다독이며 울고 웃다가

날이 밝아오면
하룻밤의 간증 퍼레이드는
짙은 아쉬움을 쏟아냈습니다.

두 손을 붙잡고 헤어지기 싫다며
다 함께 은혜의 눈물을 흘렸습니다.

하나님은
언제나 우리를 사랑하셨습니다.

예수제자학교
JESUS DISCIPLES SCHOOL

08
영적 진리의 탐구

우리는 진리를 거슬러 아무 것도 할 수 없고
오직 진리를 위할 뿐이니
고후13:8

하나님과의 관계

관계라는 말의 또 다른 표현은 연결고리였습니다. 서로 얽매여 있는 상태였습니다. 사람들과도 관계를 맺는다는 것은 서로 보이지 않는 연결고리를 갖고 있다는 말이었습니다. 그러나 관계는 둘 이상의 대상으로 이루어졌지만, 서로 이어진 끈끈함의 정도에 따라 친밀감 수준은 확연히 달랐습니다.

관계형성에는 훨씬 관심도가 높은 대상도 있었지만, 크게 관심을 두지 않거나 회피하는 대상도 있었습니다. 달리 표현하면 관계형성은 서로 관련이 있어도, 친밀감의 정도는 서로 다르게 작동했습니다. 내가 하나님과 친밀한 관계를 유지하려면 거리감을 해소하고 가까이 다가갈 수 있는 깊은 대화가 필요했습니다. 하나님과의 관계형성을 방해하던 거리감을 해소해야만 했습니다.

내게 이런 생각을 일깨웠던 것은 프랭크 루박의 〈편지〉였습니다. 내 안의 영적 진리를 한층 일깨워 주었습니다. 하나님과 교제할 수 있는 영적관계의 비밀을 담고 있었습니다. 프랭크 루박의 〈편지〉는 일상생활 속의 깊은 교제를 기록했습니다. 나는 유사한 종류의 책이었던 로렌스 형제의 〈하나님의 임재 연습〉을 읽었습니다. 둘의 공통점은 자신의 삶 속에서 하나님과의 깊은 관계를 다루었으며, 친밀하게 하나님과 교제할 수 있는 손쉬운 방법을 기술했습니다. 하나님과 친밀감 있는 관계형성은 그분을 내 생각 속에서 붙잡으며, 가까이 다가서는 일이었습니다.

로렌스 형제는 중세 수도사였지만, 프랭크 루박은 필리핀 민다나오 섬의 선교사였습니다. 루박은 시그널 언덕의 모로족을 섬겼습니다. 그는 1930년대에 만다나오 섬의 고지대인 단 살란으로 갔으며, 선교지에서 주로 했던 일은 문맹퇴치 활동이었습니다. 신분은 모로족 선교사였으며, 실패한 선교지를 뒤로 하고 타선교지를 찾아서 떠났던 곳이 민다나오였습니다.

루박은 그곳에 머물며 한 가지 중요한 영적 실험을 감행했습니다. 항상 마음속에서 하나님을 생각하는 일이었습니다. 매일 의지적으로 하나님을 만나고, 하나님에 대한 생각을 자신의 생각 속에 채우는 것이었습니다. 매일 묵상하고 교제하며, 항상 마음의 문을 열고 의식적으로 하나님을 생각했습니다. 프랭크 루박이 실천에 옮겼던 것은 자신의 생각 속에 하나님을 붙들어 놓는 연습이었습니다.

단 한 가지를 제외하고 모든 것이 순조롭습니다. 그 단 한가지란 내가 주의를 게을리 하면 하나님께서 내 생각 속에서 빠져나가신다는 것입니다. 내게 하나님이 계시면 우주가 있는 것입니다. 그러므로 내가 해야 할 일은 단순하고 분명합니다. 그리고 나는 세상에 반응하는 방식을 봅니다. 라나오와 모로족을 예로 들면, 그들의 반응은 나를 끊임없이 놀라게 합니다. 나는 그들을 위해 기도하고, 그들 사이에서 하나님을 생각하며 걷는 것밖에 하는 일이 없습니다.
(프랭크 루박, 편지 中에서)

루박의 영적 고백은 놀라운 사건이었습니다. 우리가 주의 깊게 하나님을 생각하지 않으면, 그분은 내 생각 속에서 너무 쉽게 빠져 나갔습니다. 하나님을 우리의 생각 속에 붙잡고 있어도, 다른 세상적인 관심사항이나 환경에 직면하면 쉽게 마음에서 놓아버렸습니다. 루박의 체험적인 기록들은 우리가 의식적으로 하나님을 붙잡아야만 한다는 것을 보여주었습니다. 늘 하나님의 임재를 의지적으로 생각하는 영성훈련이 필요했으며, 끊임없이 그분과 교제하려는 실천적인 노력을 병행해야 했습니다. 이런 생각과 행동의 실천은 하나님과의 친밀한 영적 교제를 나누는 일에 있어서 큰 효과가 있었습니다.

하나님과 끊임없이 교제하려고 하는 이 생각, 하나님을 내 생각의 대상으로 삼고 내 대화의 동무로 삼으려고 하는 이 생각은 지금까지 나에게 떠올랐던 생각들 가운데 가장 놀라운 것입니다. 그것은 정말 효력이 있습니다.
(프랭크 루박, 편지 中에서)

하나님과의 영적 대화는 우리의 마음과 생각에서 이루어졌습니다. 나는 루박 선교사와 로렌스 형제들이 삶 속에서 실천했던 묵상 방법을 실험적으로 적용해 보았습니다. 한동안 출퇴근길에 하나님의 임재를 누려보고자 연습했습니다. 매일 한두 시간은 하나님과 깊이 대화하려고 의도적으로 노력했으며, 기도를 밑바탕으로 한 영적인 대화를 추구했습니다. 출퇴근길을 걸어가며 하나님께 내 마음과 생각을 집중하며, 그분의 임재를 느끼고 질의응답형의 대화를 나누려고 시도했습니다.

"하나님, 왜 사람들은 끝없이 가난하게 살아야만 할까요? 우리가 부자로 살아갈 것을 하나님께서 축복하고 계신데, 왜 가난에서 벗어나지 못할까요?"

"너도 부자가 되고 싶니? 지금도 부족한 게 있니?"

"예, 부자가 되고 돈 걱정 없이 글만 쓰고 살았으면 좋겠어요. 신학대학원을 진학해서 신학 공부를 하고 싶은데, 지금은 자신도 없고 결정하기가 힘이 들어요. 하나님은 아시잖아요."

"그렇다고 부족한 게 있니. 그리고 매번 나를 의지하지 못하고 미래에 대한 불안감에서 벗어나지 못하니. 막연한 불안감에서 온전히 벗어났으면 좋겠어."

내 심령 안에서 들려오는 목소리, 날마다 하나님과 깊은 묵상과 기도를 통하여 대화를 나눌 수 있기를 갈망했습니다. 영적 분별력을 통해서, 날마다 그분께 가까이 다가설 수 있는 실천적인 생각과 노력을 품고자 했습니다. 특정한 시간대를 이용해서 하나님과 교제하고 대화하며, 그분의 음성을 듣기 위해 노력했지만 음성을 분별하는 일은 쉽지가 않았습니다. 하나님의 음성을 분별할 수 있는 영적 깨달음과 확신이 필요했습니다.

내 삶의 두려움

사람에게도 고유한 특성이 있듯이, 책에서도 글을 쓴 작가의 독특한 체취를 풍겼습니다. 책에서는 독특하고 미묘한 작가의 체취를 담고 있었습니다.

책에서 풍기는 체취는 서로 달랐습니다. 특히 일반서적과 신앙서적은 큰 차이를 보였습니다. 일반서적은 세상적인 체험과 경험, 자기개발을 중점적으로 다루었다면, 신앙서적은 성경적인 이해를 중심으로 개인수준의 영적 체험을 다루는 사례가 빈번했습니다. 하지만 신앙서적들은 일반서적보다 난해하거나 이해하기 힘든 내용들이 훨씬 많았습니다. 또한 강압적이고 딱딱한 건조체나 강건체 중심의 문장들을 사용했으며, 대부분의 저자들은 목회자라서 설득력 위주의 설교풍이 주류를 이루었습니다. 예배를 위해 설교본문으로 사용했던 내용들을 엮어서 출판하기도 했습니다.

내가 가장 선호했던 책은 한홍 목사님의 책이었습니다. 그분이 쓰신 〈기독교 에센스〉, 〈거인들의 발자국〉, 〈왕들의 이야기 1권 · 2권〉, 〈다시 가슴이 뛴다〉, 〈다니엘 임팩트〉 등은 진귀한 보물과도 같았습니다. 그런데 한홍 목사님과 버금가는 부드럽고 강건한 문체를 만났습니다. 이상준 목사님의 〈두려움 너머의 삶〉이었습니다. 제목에는 기개가 넘치던 다윗왕의 용기가 생각났지만, 책의 속살은 왕비 에스더의 섬세하고 담대한 문장코드들이 줄줄이 이어졌습니다.

나는 이 책을 끝까지 읽으며, 두려움을 극복하기 위한 실천적인 믿음을 깨우쳤습니다. 두려움과 실패의 극복은 믿음으로 힘껏 도전해야할 장애물이었습니다.

두려움이란 게 무엇입니까? 일어나지도 않은 일, 또는 실패에 대한 걱정이 내 감정을 심란하게 자극해서 발생하던 이상징후 현상이었습니다. 악이나 위험, 또는 재난 앞에서 느끼던 공포의 감정이었습니다. 두려운 감정을 표현하던 색체는 서늘한 파랑이었으며, 두려움에 떨고 있을 때의 입술색은 푸르스름한 감청색이었습니다. 두려움은 무엇인가에 쫓기는 듯한 왜곡된 감정 상태였으며, 이런 감정을 이겨냈을 때에 성공적인 인생을 살아갔습니다.

두려움에 압도될 것인가, 은혜에 압도될 것인가? 우리 주변에는 은혜로 역전한 인생들이 많다. 상담가들 중에는 자신의 상처가 너무 커서 회복하려고 시작했다가 전문 상담사역을 하게 된 사람들이 많다. 의사들 중에는 부모나 형제가 중병으로 고통스러워하는 것이 안타까워서 의술을 배우게 된 사람들이 많다. 목회자들 중에는 자신과 세상의 죄 문제로 심각하게 고민하다가 회개하고 뜨겁게 주님을 만나서 목회의 길을 가는 사람들이 많다.
(두려움 너머의 삶 中에서)

우리 곁에는 자신들의 과거 상처를 극복하는 과정에서 인생 소명을 발견한 사람들도 많았습니다. 실패와 두려움을 이겨낸 사람들은 세상 종노릇하지는 않았습니다. 예수 그리스도를 의지하며 평안과 기쁨의 노래를 불렀습니다.

그러나 인간은 두려움에서 벗어나지를 못했습니다. 두려운 감정 상태를 극복해야만 함을 잘 알고 있어도, 두려운 감정에 사로잡혀 어둠 속에 그림자처럼 머물렀습니다.

"왜 두려워할까, 두려움의 그림자는 왜 쫓아다니는 걸까"

나에게도 두 가지 두려움의 갈등현상은 늘 일어났습니다. 그것은 하나님과의 관계 단절에 대한 두려움과 미래의 삶에 대한 불확실성이었습니다. 전자보다 후자의 무게감이 훨씬 컸습니다. 하나님과의 단절현상도 두려웠지만, 내 삶의 불안감은 미래사회의 불확실성에 대한 자신감 부족이었습니다. 이상준 목사님은 하나님께서 두려움 위에 부어주시는 능력, 곧 성령의 감동과 역사하심으로 부어주시는 다이너마이트와 같은 힘을 지닌 "뒤나미스"의 은혜를 받도록 권고했습니다.

성령하나님의 힘을 의지하면 물리적인 영역 위에 초자연적인 기름 부음이 임했습니다. 우리의 연약한 육체에도 하나님께서 부어주시는 영적 강건함이 깃들 수 있었습니다.

하나님 앞의 순종

인본주의와 신본주의는 갈등노선을 겪었습니다. 세계를 보는 시각이 '인간중심oriented-human'이냐, 또는 '하나님중심oriented-God'이냐의 관점차이였습니다. 하지만 사람들은 하나님의 존재여부에 대한 인식도 턱없이 부족했습니다. 노방전도를 하다보면 가끔 불청객과도 같은 사람들을 만났습니다.

"하나님이 계시면 내 눈 앞에 보여 주세요. 그럼 믿을 게요."

난감한 요구였습니다. 현실세계에만 치중해서 살아가는 사람들, 하나님의 실존여부에 대한 이해가 거의 없었습니다. 또한 이분법적 사고에 의존하여 하나님의 세계는 하나님이 통치하고, 인간의 세계는 인간이 통치하는 게 합당하다는 주장을 펼쳤습니다. 인본주의적인 사고의 특성은 "하나님 따로 인간 따로"라는 경계영역을 구별했습니다.

그러나 존비비어 목사님의 〈순종〉은 하나님의 권위를 영적 세계에만 국한하지 않았습니다. 이유는 간단했습니다. 영적 세계이든 물리세계이든 모든 통치권은 하나님께서 주관하셨습니다. 나는 책을 읽다가 잠시 멈추었습니다. 하나님의 권위에 대한 순종과 복종의 이해 때문이었습니다.

순종은 하나님의 권위에 반응하는 행동의 문제라면,
복종은 하나님의 권위에 대한 태도의 문제이다.
(존비비어, 순종 中에서)

인간의 순종과 복종은 하나님의 권위에 대해 반응하는 행동 성향과 태도의 차이였습니다. 순종은 하나님의 권위에 대해 반응하는 자발적인 행동이라면, 복종은 하나님의 권위를 인정하는 태도였습니다. 존비비어 목사님은 순종[Under His Authority]을 하나님의 권위 아래에서 누리는 보호와 자유의 의미로서 하나님과의 관계에서 부자연스럽고 불합리한 복종관계가 아니라, 전능자의 품안으로 들어갈 때에 느낄 수 있는 보호와 자유의 기쁨으로 재해석했습니다.

그렇지만 현실적인 고민은 왜곡된 순종이었습니다. 모든 세상적인 권위에 대해서도 무조건 순종해야만 할 것인가의 문제였습니다. 존비비어 목사님은 사회적 관계에서 명령을 왜곡한

사례들을 소개하며, 무조건적인 순종에 대한 옳고 그름의 판단기준을 제시했습니다. 그 기준은 성경이었습니다.

나는 신자인 남편이 성적 흥분을 위해 아내에게 음란 비디오를 보게 했다는 해괴한 사례도 들었다. 그런데 아내는 성경적으로 반대할 만한 구실이 없다는 이유로 그대로 따랐다는 것이다. 남편이 자신을 위해 아내에게 정직하지 않은 일을 시킨 경우도 알고 있다. 물론 그 사람의 아내도 그대로 따랐다. 남편이 아내에게 교회를 못 다니게 했다는 이야기도 들었다. 그 아내 역시 정말로 교회에 발길을 끊었다. 이런 요구에는 순종해서는 안 된다. 성경에 어긋나기 때문이다.
(순종 中에서)

참신과 허상

살아 있는 참신에 대한 논쟁이었습니다. 누가 믿을 수 있는 신인가에 대한 실체 확인이었으며, 우상숭배를 금하는 계명 때문입니다. 참신이신 하나님을 경외하는 것은 우리의 시간과 물질, 경배의 대상을 구별하는 것이었습니다. 하나님 외에 다른 신을 섬기는 것을 금기시했습니다.

하지만 일본과 같은 나라도 있었습니다. 섬기고 있는 우상숭배의 수가 8백만 개나 된다고 했습니다. 이런 이야기를 듣게 되면 가장 먼저 떠오르던 것이 "그들은 과연 우리가 믿을 수 있는 신인가?"에 대한 의심부터 떠올랐습니다. 예전에 일본을 방문한 일이 있었는데, 머물렀던 호텔 곳곳에서도 제단과 같은 우상숭배의 흔적들이 놓여 있었습니다.

허상을 놓고 참신이라고 섬기고 있다면, 우리가 쏟아 붓는 시간과 물질과 마음이 너무 안타까웠습니다. 팀 켈러 목사님은 〈내가 만든 신〉에서 "인간의 마음은 우상을 대량적으로 생산하는 공장과도 같다."라고 말했습니다. 하나님보다 다른 것을 마음의 우선순위에 둔 것은 우상숭배였습니다.

나는 우상숭배의 진위는 내 삶의 주인이 누구이냐를 가늠하는 인식기준이라고 보았습니다. 라비 재커라이어스의 〈오직 예수〉라는 책 때문이었습니다. 마치 책을 읽다가 중간쯤에서 느꼈던 것은 헨리 카빌이 출연했던 〈신들의 전쟁〉이 생각났습니다. 파탄에 빠진 신들 간의 복잡하고 치열한 경쟁관계를 드러냈습니다.

〈오직 예수〉의 원제목도 "다른 신들 중에서의 예수Jesus among other Gods"였습니다. 라비 재커라이어스는 참된 신과 거짓된 신을 구별하자는 주장이었습니다. 우리가 예수를 참신으로 섬겨야만 하는가에 대한 논리적인 검증을 추구했습니다. 다른 신들은 실제 존재하는 것이 아니라, 사람들이 만들어낸 허상에 불과했습니다. 인간의 상상력 속에서 만들어진 신, 또는 두려움 속에서 만들어놓은 종교적 다원주의의 산물이었습니다. 종교적 다원주의는 다양한 신의 존재를 인정하며, 여기저기 허상을 만들어놓고 신을 인정하기에도 바빴습니다.

하지만 기독교는 종교적 다원주의를 거부했습니다. 하나님만이 유일하신 참된 신이며, 그분께만 경배하는 절대주의적 신앙관을 지켜냈습니다. 거짓 신들이 다양한 거짓 진리를 갖추어 놓고 사람들을 유혹하는 다면적인 믿음체계를 거부했습니다.

왜 예수인가? 이 말에 대한 대답은 살아계신 하나님의 아들, 곧 타락한 인류를 구원하러 오신 분으로 굳게 믿는지 그 이유를 밝히는 것이 목적이다. 다른 무엇보다도 예수님은 신에게 이르는 길이 오직 하나라고 주장했다. 이 말은 현대 포스터모더니즘 분위기와 관점에 충격을 준다. 힌두교와 바하이교는 신에게 이르는 유일한 길이 있다는 개념 자체를 오래도록 거부해 왔다. 그 자체로 다면적인 믿음 체계를 갖고 있는 힌두교는 이런 배타성에 대해 강력하게 반발한다. 또한 예수님은 하나님이 생명의 창조자임을 강력하게 주장하셨다. 이는 하나님께로 돌아가는 것이 삶의 의미라는 것이다.
(오직 예수 中에서)

궁극의 진리는 예수였습니다. 하지만 인류는 다양한 사회 발전과정을 경험하면서, 그 이면에는 종교적인 진화과정도 함께 이루어졌습니다. 비단 우리나라를 예로 들어도 고대사회에는 단군 신앙 및 샤머니즘을, 삼국시대와 고려시대에는 불교를, 조선시대에는 유교를 종교화했습니다. 이러한 영향은 지금까지도 사람들의 마음을 현혹하거나 유혹했습니다.

이런 점에서 라비 재커라이어스R. Zacharias는 신앙과 종교의 엄격한 구별을 강조했습니다. 종교는 불교, 이슬람교, 힌두교, 무속신앙 등 셀 수 없을 만큼 다양한 신들이 존재하지만, 신앙의 대상이 아닌 그저 종교적인 대상일 뿐이었습니다.

내가 믿어야만 할 참된 신앙은 예수였습니다.

예수의 제자도

"제자의 삶을 살아라."

"자기 십자가를 져라."

나는 걱정부터 앞섰습니다. 예수님은 산으로 가서 밤새 기도하신 후에 열두 제자를 따로 불러 세우셨습니다. 이미 열 두 제자로서 누구를 뽑을 것인가는 정해져 있었지만, 이들이 걸어가야만 할 제자의 삶을 놓고 중보기도를 했을 것입니다. 자기 인생을 부인하고 십자가의 길을 따라가야만 할 제자들의 인생을 밤새 중보하셨을 것입니다.

나는 예수제자란 말을 듣기만 해도 온통 부담감에 짓눌렸습니다. 사탄마귀가 주는 영적 부담감일수도 있겠지만, 스스로 예수제자의 삶을 살기에는 자격조건이 없다는 몹쓸 자괴감을 품고 있었습니다. 어떤 구차한 핑계를 붙여서라도 제자의 삶을 회피하고 싶었습니다.

내가 제자로서 적합한 자격조건을 갖추고 있는가?
예수제자가 되면 가롯 유다와 같은 길을 걷지 않을까?
그럴 바에는 차라리 제자의 삶을 살지 않는 게 낫지 않을까?

나는 부담감 때문에 온갖 반어법적인 핑계를 쏟아내며, 예수제자의 삶을 거부하는 것에 초점을 맞추었습니다. 다른 핑계를 덧붙여서라도 피해가고 싶었습니다. 이런 생각은 예수제자의 삶을 살아내는 일이 만만치가 않았기 때문입니다.

예수제자로서 거룩하고 헌신적인 삶을 살아가는 일은 쉽게 결정할 수가 없었습니다. 자기부인과 자기 십자가를 지고 예수님의 뒤를 따라가겠다는 결단력을 요구했습니다.

이에 예수께서 제자들에게 이르시되
누구든지 나를 따라오려거든
자기를 부인하고 자기 십자가를 지고 나를 따를 것이니라
마16:24

제자의 삶에 대한 자신감 부족이 온통 마음을 지배했습니다. 어느 날 기독교인이 운영하던 블로그에서 "고난의 씨줄과 제자도의 날줄"을 읽었습니다. 씨줄은 세로로 엮어 놓은 줄을 뜻했으며, 날줄은 가로로 엮어 놓은 줄이었습니다. 그 글의 결

론은 기독교인의 인생은 고난의 씨줄과 제자도의 날줄로 촘촘하게 짜라는 것이었습니다. 고난과 십자가로 자기 인생을 엮어내라는 의미였습니다.

그러나 내 안에는 선택적인 제자도를 취함으로써 고난의 씨줄과 제자도의 날줄을 교묘하게 피해가려는 못된 습성이 남아 있었습니다. 스승이신 예수님의 가르침을 이행하는 것과는 달리 세상 유익을 취해가며, 요령껏 제자도의 삶을 살아가려는 선택적인 마음이었습니다. 이런 선택적인 마음이 내게 부담감이 되었던 본질적인 이유였습니다.

예수님께 죄를 짓는 것만 같았습니다. 날마다 죄를 고백하는 것은 어렵지가 않은데, 또 다시 같은 죄를 범하지 않는 것은 힘들었습니다. 데이비드 왓슨은 그가 쓴 〈제자도〉에서 유사한 의미들을 풀어 놓았습니다. 죄에 대한 솔직한 고백은 제자도의 출발지점이며, 또한 공동체적인 삶의 표징이라는 점을 강조했습니다. 죄를 서로 고백할 때에 기독교인들은 다음에 지을 죄까지도 포기할 수 있다는 점을 제시했습니다.

죄를 서로 고백하면서 그리스도인은 모든 죄들 그리고 다음에 지을 죄까지도 포기할 수 있게 된다. 고백은 제자도이다. 이제부터 예수 그리스도와 함께 그의 공동체와 함께 하는 삶이 시작되는 것이다.
(데이비드 왓슨, 제자도 中에서)

제자의 삶은 매우 실천적이었습니다. 실생활에서 제자도를 실천하겠다며 결심해도, 얼마 시간이 지나지 않아 그 결심들이 실패하고 무너졌습니다. 실패를 통한 절망적인 모습들은 나에게서 발견할 수 있는 보편적인 현상이었습니다. 이럴 때마다 예수제자의 결실을 맺지 못한 것은 엄청난 부담감이었습니다. 하지만 이 순간의 회개를 통해서, 내 삶에서도 실천되어야만 할 예수 그리스도의 형상을 닮아갈 수 있기를 기도했습니다.

09
뜨거웠던 플로잉Flowing 행사

믿는 사람이 다 함께 있어
모든 물건을 서로 통용하고
행2:44

생소한 이벤트 용어

낯선 것은 어색했습니다. 경험이 부족하거나 익숙하지 못할 때에 생겨났습니다. 플로잉flowing이라는 용어가 무척 낯설게 느껴졌습니다. 강의 내내 침묵을 지켰습니다.

우선 낯선 용어의 정확한 의미를 깨닫고 싶었습니다. 플로잉에 대한 강의를 듣고 유수流水라는 한자어를 생각했습니다. 끊임없이 재생하며 강물이 흘러가는 물길이었습니다. 수로를 따라 논과 논을 채우며 흘러가던 물줄기였습니다. 흘러가는 물줄기는 나의 은혜가 넘쳐서 다른 사람을 향하여 흘러가는 것과도 같았습니다. 옆자리에 앉아 있던 간사님이 한마디를 덧붙였습니다.

앞으로 플로잉 행사를 지켜보며 풍요로운 하나님의 마음을 깨닫게 될 것입니다. 하나님의 감동적인 은혜가 넘쳐흐르는 것을 체험하게 될 것입니다. 형제님들께서는 기도로 플로잉 행사를 준비하면 좋겠습니다.

이상하리만치 기대감과 부담감이 동시에 밀려왔습니다. 기대감은 하나님의 은혜를 마음껏 체험하는 일이었으며, 부담감은 나 또한 기도와 물질로 플로잉을 준비해야 했습니다.

나는 플로잉 강의가 끝나고 집으로 돌아와서 곧바로 인터넷을 검색했습니다. 플로잉은 한마디로 기부행사였습니다. 어학사전에는 "흐름", 또는 "물 흐르는 듯한"이라는 유량의 공급 상태를 설명했습니다. 유동적인 물의 흐름이었으며, 끊임없이 흘러가는 물길을 연상했습니다.

카카오톡의 은혜

나눔이란 주는 것과 받는 것이었습니다. 마음이든 물질이든 말이든 은혜와 사랑을 주고받는 일이었습니다. 하지만 나눔의 형태는 다양했습니다. 특정한 공간에는 눈에 보이지 않는 나눔 행사들이 활발하게 일어났으며, 꼭 기독교인 형제자매들의 특권만은 아니었습니다.

세상 사람들도 자신들의 삶의 영역에서 나눔 활동을 활발하게 실천했습니다. 보편적으로는 인류애의 구현이었고, 개별적으로는 따뜻한 인간사랑의 실천이었습니다. 나는 온누리교회의 전문인선교훈련학교와 예수제자학교를 이수했더니, 카카오톡에는 매일 은혜 나눔의 실체들이 가득했습니다.

카카오톡에서 형제들과의 나눔 행보는 밤낮의 시간불문율을 적용하지 않았으며, 나눔의 시간적인 제한도 정해져 있지 않았습니다. 나눔 활동은 밤낮이 없었습니다.

크리스천 형제들이

밤낮없이 은혜를 나누는 일이 잘못된 것인가요?

세상적인 친분관계였다면 늦은 밤 카카오톡의 나눔 행동은 무척 무례한 행동이라고 취급했을 것입니다. 밤낮 자제심 없는 행동을 허용하지 않았을 것입니다. 시간적인 구별도 없이 영적 은혜를 함께 나누는 일은 활발했습니다.

영적 은혜를 나누는 것보다 중요한 일이 있습니까?
서로 은혜를 나누고 교제하며 중보 하는 일이 기독교인 형제들 사이에서는 너무 당연한 일이 아닌가요.

예, 맞습니다. 너무 당연했습니다.

내 삶의 영적 이정표

오히려 과거보다 지금 존경하는 인물이 거의 없었습니다. 예전에는 자신의 인생모델life model로 삼았던 인물들이 꽤나 있었습니다. 이러한 인물들은 문인과 무인의 경계선을 벗어나, 각자의 인물들이 겪었던 인생사에서 비롯했습니다. 존경하는 인물들은 세종대왕, 아브라함 링컨, 이순신 장군, 오프라 윈프리, 백범 김구 등 한 시대를 이끌었던 리더였습니다.

최근 자기소개서 작성이나 면접과정에서 존경하는 인물과 이유에 대한 질문들을 거의 삭제했습니다. 존경한다는 것은 그 사람의 사상이나 생각, 인격과 행동을 닮고 싶거나 우러러 보는 생각이었습니다. 무작정 좋은 이유도 있겠지만, 존경하게 된 구체적인 계기도 필요했습니다.

우리는 존경하는 사람들의 삶을 본받기를 기대했습니다. 하지만 오늘날과 같은 이기적인 시대에서 존경하는 인물을 만나는 것은 힘들었습니다. 다행스럽게도 내겐 두 분이 있었습니다. 온누리교회의 하용조 목사님과 또 다른 분은 한동대학교의 김영길 총장님이셨습니다. 직접 만나 깊은 대화를 나누어 본 적은 없었어도, 나는 그분들이 쓴 책과 유튜브, 설교와 강연 등을 통해서 수십 차례 만났습니다.

직접 얼굴을 보며 대화를 나누지 못한 아쉬움에도, 그분들의 삶은 너무 아름다워서 내겐 인생모델과도 같았습니다. 카카오톡에서, 그 당시 한동대학교 대학원에서 심리 상담을 전공하고 있던 예전 간사님이 올린 유튜브였습니다. 유튜브 내용은 〈그의 제자, 김영길〉이라는 1주기 추모 다큐멘터리였습니다. 그분의 생애를 보며, 다시금 기쁨과 슬픔이 함께 교차점을 이루었습니다.

내가 처음 총장님을 뵌 것은 2006년에 강원대학교 삼척캠퍼스 교수들과 함께 한동대학교를 방문했습니다. 그때의 한동대학교는 교육중심 대학의 학교이념을 추구했으며, 강원대학교 삼척캠퍼스는 한동대학교의 교육중심 대학의 우수사례에 깊은 관심을 두었습니다. 대부분의 국내대학들은 대학원 중심의 연구중심대학을 표방했으며, 그 당시 교육부와 학술진흥재단에서 연구비를 수주하는 것에 관심이 컸습니다.

하지만 한동대학교는 교육중심의 우수 인재양성에 초점을 둔 학부생 중심의 대학발전을 추진했습니다. 나는 강원대학교 삼척캠퍼스도 교육중심 우수대학으로 전환할 필요가 있고 학부생중심의 대학발전을 강조했습니다. 당시 삼척캠퍼스의 기획처장과 깊은 대화를 나누었으며, 두 대학 간의 학술교류 협정체결(MOU)을 요청했습니다. 우리는 한동대학교를 방문했으며, 대학의 보직교수들은 교류협정 체결을 추진하고 있었습니다.

한 참 행사를 진행하던 중에 학교 수위 아저씨와 같은 복장으로 환하게 웃으며, 행사장 뒷문을 열고 들어오시던 분이 있었습니다. 초라한 행색의 작업복 차림이었으며, 행사장을 잘못 찾아오신 분인 줄만 알았습니다. 잠시였지만 학교 수위 아저씨가 대학 보직교수들에게 급한 볼 일이 있어 행사장을 들어왔을 것이라고 생각했습니다.

그 때였습니다. 양 대학 간 교류협정 체결을 위해 행사장에 참석했던 한동대학교 교무처장이 총장님을 소개했습니다.

저희 학교 총장님께서 지금 뒷문으로 들어오셨습니다.
김영길 총장님이십니다.

놀라움을 금치 못했습니다. 내가 가까이에서 본 대학총장들과는 이미지가 완전히 달랐습니다. 역시 소문대로 소탈하고 겸손한 삶의 모습이었으며, 스스로 낮아져 섬기는 기독교인 교육자의 인생모델과도 같으셨습니다.

마태복음 23장 12절에서 "누구든지 자기를 높이는 자는 낮아지고 누구든지 자기를 낮추는 자는 높아지리라"는 말씀을 눈앞에서 직접 본 것만 같았습니다. 나는 주변에 있는 교수나 지식인들에게 한동대학교 김영길 총장님이 기독교인이라며 얼마나 자랑했는지 모릅니다. 얼마나 드러내놓고 자랑했던지 옆자리에 앉아 있던 분이 제 옆구리를 쿡쿡 찔렀습니다.

그래도 너무 좋은 것을 어떻게 합니까? 그분은 내게 기독교인의 삶의 모델이었습니다.

뜨거웠던 감동의 물결

담임목사님은 플로잉을 머니money훈련이라며 농담조로 말했습니다. 머니 훈련은 재정훈련이며, 하나님의 음성을 듣고 자기 소유를 내려놓는 순종훈련이었습니다.

내가 소유한 것은 하나님께로부터 왔으며, 모든 것이 하나님의 은혜임을 인정하는 물질 훈련이었습니다. 플로잉은 복합적인 훈련효과를 기대할 수 있는 결정판이었습니다. 모든 게 하나님의 뜻이었습니다. 하나님께서 네게 주신 것을 하나님의 뜻을 위해 내려놓는 믿음의 결단이 필요했습니다. 플로잉은 자신의 것을 내려놓는 믿음 훈련, 내 것을 아낌없이 흘려 보내는 나눔 훈련, 또한 예수 사랑을 직접 실천하는 사랑 훈련이었습니다.

플로잉은 순간순간의 감동을 잊지 못할 것입니다. 자신의 것을 내려놓는 훈련인 만큼 배가의 기쁨이 찾아왔습니다.

우리는 온누리교회의 시온홀에 모였습니다. 예수제자학교

에서 플로잉을 통한 생수의 강물이 흘러가는 것을 목도했습니다. 함께 모여 있던 형제자매들의 심령 사이로 풍요로운 하나님의 은혜가 흘러넘쳤습니다.

예수제자학교 18기는 플로잉 행사를 진행하며 숱한 간증들이 꼬리를 물고 쏟아졌습니다. 형제자매들은 플로잉을 통해 놀라운 기도 응답을 받았으며, 목청껏 살아계신 하나님을 찬양했습니다.

플로잉 행사를 위한 기도의 제목들도 다양했습니다. 어떤 형제는 피아노를 플로잉 받았는데, 다시 하나님께서 플로잉하라는 마음을 주셔서 흘러 보냈습니다. 플로잉이 또 다른 플로잉을 낳았습니다. 어떤 자매는 노트북을 갖고 싶어서 기도했는데 최신 삼성노트북이 선물로 주어졌으며, 자전거를 갖고 싶어 했던 어떤 형제는 최고급 접이식 자전거가 플로잉 행사에서 흘러갔습니다.

또 다른 자매는 아웃리치 비용을 충당하기 위해 십일조를 두 번 거를 생각이었습니다. 십일조와 아웃리치 비용을 도저히 감당할 수 있는 재정 여건이 아니었습니다.

하지만 자매님은 믿음으로 십일조를 드린 이후에 아웃리치 비용에 해당되는 금액을 플로잉 받았습니다. 플로잉 행사는 숱한 간증들이 쏟아지며, 영적 체험을 낳던 거위알과도 같았습니다. 플로잉의 놀라운 기쁨과 감사가 형제자매들 사이를 넘나들며, 살아계신 하나님을 목청껏 찬양하던 은혜 나눔의 현장이었습니다. 내가 이곳에서 체험했던 천국은 하나님의 은혜로 가득 채워져 있는 감동의 시공간이었습니다.

팀 간사님의 권고

은혜 받은 형제들은 요란스러웠습니다. 행동이 묵직했던 형제들의 입술이 한결 가벼워졌으며, 한없이 자신들의 은혜를 입 밖으로 쏟아냈습니다. 은혜는 마음에서 흘러넘쳤습니다.

대부분 카카오톡에서 올라오던 메시지는 중보기도의 요청이었습니다. 형제들은 중보기도의 능력을 믿고 있었으며, 중보기도는 하나님의 마음을 움직였습니다. 시도 때도 없이 중보기도 요청이 요란스럽게 올라왔으며, 그럴 때마다 곳곳에서 무릎기도가 드려졌습니다. 카카오톡의 메시지들 중에 눈에 띈 것은 플로잉에 대한 중보기도와 간사님의 편지였습니다. 체험적이고 간증적인 권고였습니다.

형제님들께

플로잉은 선물교환식이 아닙니다. 플로잉은 하나님의 음성을 듣는 훈련입니다. 하나님께서 나에게 18기 형제자매들에게 나눠 주기를 원하는 재정과 물건을 서로 나누며 작은 천국을 만들어가는 일입니다. 돈의 액수가 크고 작음이 중요한 것이 아니라 하나님께서 준비케 하시는 것과 또한 받기 원하는 것을 듣는 훈련입니다.

처음에는 잘 들리지 않겠지만 단순하게 "제가 무엇을 나누기를 원하십니까."라며 한 가지씩 묻고 듣는 훈련을 하면 참 좋습니다. 말씀으로 확인받을 수도 있습니다. "이것을 하기 원하시면 성경구절로 말씀해 주세요."라고 하면 떠오르는 성경구절이 있을 것입니다. 사람들은 주는 것에는 익숙합니다.

하지만 받는 것에는 쑥스러워 할 때도 많았습니다. 모든 상황 속에서 하나님께서 주라고 하시고 또 받으라고 하신 것이 있으면 하나님 음성을 듣는 좋은 연습이 될 것입니다. 또한 내가 생각하지 않는 물건을 보았을 때 왜 이것을 저에게 주셨는지 물어보시면 말씀해 주십니다. 성령님을 초청하고 물으시면 하나님은 의뢰하는 것을 좋아하시기에 들려주실 것입니다.

간사님은 플로잉을 하나님의 음성 듣기로 이해했습니다. 하나님께서 맡기신 재정과 물질, 시간을 함께 나누며 하나님나라를 확장시켜 나가는 헌신적인 제자훈련이었습니다.

나는 예수제자학교의 플로잉 행사를 체험하고 몇 년이 지난 시점이었습니다. 동남아 지역에서 선교사역을 감당하고 계신 선교사님이 무슬림 지역 내의 교회건축 기도와 재정 중보를 요청했습니다. 나는 중보기도 메시지를 받은 후 하나님의 음성을 기대했습니다. 교회건축을 위해 코로나 19의 재난지원금을 흘러 보냈습니다. 플로잉 이후 하나님의 위로가 세밀하게 들려왔습니다.

내 아들아, 너의 마음을 보태주어 고맙다.

플로잉은 내가 나눔을 실천하는 것보다, 오히려 하나님의 위로를 받았습니다. 플로잉 속에는 하나님의 위로와 칭찬의 감동이 훨씬 컸습니다.

10
열방을 품은 아웃리치

외치는 자의 소리여 이르되
너희는 광야에서 여호와의 길을 예비하라
사막에서 우리 하나님의 대로를 평탄하게 하라
사40:3

단기선교국의 선택

우리나라는 선교국입니다. 선교대상 국가에서 예수 그리스도를 전 세계의 민족들에게 알리는 축복받은 국가였습니다. 선교는 복음이 되신 예수 그리스도를 증거하는 일이었습니다.

예수제자학교에는 아웃리치Outreach라는 단기선교행사를 열었습니다. 한여름을 전후해서 제비뽑기를 통하여 단기선교국을 결정하고, 팀을 이루어 선교지를 품고 나아갔습니다. 처음 해외 아웃리치를 나갈 때에는 다소 긴장감이 맴돌았습니다. 이슬람권이나 공산주의 국가가 단기선교국으로 결정될 경우, 선교지에서 발생할 수 있는 위험상황 때문에 불안감을 느꼈습니다. 선교지의 위험상황은 예측하기 힘들었습니다. 언제 어떤 상황들이 발생할지는 전혀 알 수가 없었습니다.

단기선교활동은 해외 아웃리치 경험이 많은 형제자매들에게는 일상적인 선교활동이겠지만, 처음 선교지를 방문하는 이들에게는 심리적인 부담감이 컸습니다. 한동안 심란했습니다.

예수제자학교의 형제자매들은 제비뽑기를 통해서 아웃리치 국가를 결정했습니다. 대체적으로 이슬람권보다는 동남아국가들을 선호하는 분위기였습니다. 제비뽑기는 구약시대에도 합리적인 의사결정을 위해 사용했던 하나님의 결정방법이었습니다. 제비뽑기에는 하나님의 뜻이 담겨 있었습니다.

나는 2014년 전문인선교훈련학교OPMS를 이수할 때에 공산국가였던 베트남 지하교회를 대상으로 아웃리치를 갔다 왔습니다. 공산국가 대상의 사전 선교경험을 갖고 있었습니다. 제비뽑기를 통한 단기선교국의 선택은 하나님의 뜻이었으며, 선교사역을 위한 절대적인 순종을 요구했습니다.

이에 제비 뽑아 피차에 차등이 없이 나누었으니
이는 성전의 일을 다스리는 자와
하나님의 일을 다스리는 자가
엘르아살의 자손 중에도 있고
이 다말의 자손 중에도 있음이라
역대상 24:5

제비뽑기의 결과는 하나님께서 분담하신 결과였습니다. 단기선교국의 결정에서 이슬람국가를 뽑든, 공산국가를 뽑든, 불교국가를 뽑든 모든 선택은 하나님께서 차등 없이 각자에게 두신 뜻이었습니다. 단기선교국의 결정 상황을 놓고 왈가왈부할 것은 절대 아니었습니다.

나는 이슬람권의 아제르바이젠을 뽑았습니다. 공산국가의 사전 선교경험을 뛰어 넘어, 이제는 이슬람국가를 향해 아웃리치를 가야 했습니다. 아제르바이젠을 제비 뽑았던 형제들은 조금 불편한 얼굴기색을 보였습니다. 하지만 하나님은 같은 조의 형제들을 같은 단기선교 국가에 배정해 놓으셨습니다.

예수제자학교에서 단기선교국의 선택이 끝난 후, 스텝으로 섬기던 선배들은 아제르바이젠을 최고의 선교지라며 우리를 축복했습니다. 아웃리치를 먼저 갔다 온 선배들이 말했던 국가는 옛 소련영토로서 이슬람권의 불의 나라였습니다.

아사모의 후방선교팀

최근의 선교활동은 자비량 선교모임, 온라인 선교모임, 미전도 종족 선교모임, 국제도시 선교모임, 북한선교 모임 등 다양했습니다. 이중에는 전문성을 갖고 전방선교를 준비하는 곳도 있지만, 후방선교사역을 섬기는 이들도 있었습니다.

내가 예수제자학교에서 경험했던 선교모임은 자발적이고 감동적이었습니다. 후방 선교사역팀이었습니다. 서빙고 온누리교회에서는 〈아사모〉라고 잘 알려져 있었으며, 약 20년 가까이 매주 모여 이슬람국가의 선교사역을 놓고 중보기도를 이끌어왔습니다.

아사모는 "아제르바이젠을 사랑하는 사람들의 모임"을 약칭했습니다. 활발한 선교사역을 후원하는 기도모임이었습니다. 그야말로 은혜중의 은혜였습니다. 함께 교제할 때에는 후방선교사역의 최적화된 모델을 체험하고 있는 기분이었습니다. 온누리 교회가 대형교회라고 해도 자발적인 선교 모임이 존재하고, 그 실체를 눈으로 직접 목도할 수 있다는 것은 놀라웠습니다. 예수님을 힘껏 사랑하는 평신도 사역자들, 직접 선교지를 섬기지는 못해도 빚진 자의 심정으로 전방 선교사들을 아낌없이 섬기던 후방 선교사역자였습니다.

이들은 매주 토요일 새벽 6시에 서빙고 온누리교회에서 중보기도 모임을 운영했습니다. 매주 약 30여명에 가까운 선교사와 가족들, 선교지의 현안 문제를 놓고 중보기도의 단을 쌓아갔습니다. 아사모의 기도모임은 아제르바이젠으로 단기선교를 갔다 온 사람들의 기수별 모임이었습니다. 매주 기도와 후원으로 섬기는 선교국은 약 20개국 이상이었습니다. 나는 아제르바이젠으로 단기선교를 떠나기 전에 이분들을 만났습니다. 이분들의 헌신은 같은 크리스천이어도 너무 감동적이었습니다.

단기선교팀의 구성

선교사들은 존중받아야 했습니다. 평생 낙후된 오지의 선교현장에서 원주민들과 똑같이 섬기는 분들이 있는가 하면, 일시적으로 선교현장을 지원하는 단기선교팀도 있었습니다. 장기선교사와 단기선교사를 구별했습니다.

장기선교사는 자신의 인생을 예수 그리스도의 복음을 위해 헌신한 기독교인이었습니다. 결혼도 하지 않고 이방 땅에서 이방 종족을 섬기는 분들, 우리나라도 구한말에 선교사들의 헌신을 통해 기독교 국가로 변모했습니다. 선교사들은 예수 그리스도를 위해 자기 인생을 헌신한 사람들이었습니다. 우리는 복음의 빚진 자의 마음을 가질 수밖에 없었습니다.

돌이켜보면 선교사역은 준비기간 내내 은혜였습니다. 모든 준비과정에서 은혜 위의 은혜를 더하시던 하나님이셨습니다. 아제르바이젠 아웃리치는 아홉 명의 형제들이 한 마음 한 팀으로 선교사역을 준비했습니다. 장기 선교사역자들과는 비교할 수도 없겠지만, 아웃리치팀은 선교활동을 이해하고 협력하는 놀라운 은혜를 누렸습니다. 선교준비 활동은 말씀과 기도로 깨어 있는 자들의 영적 은혜였습니다.

선교란 무엇인가요? 예수님이 우리에게 맡기신 땅 끝 사명을 실천에 옮기는 일이었으며, 하나님나라를 확장시키나가는 복음로드Bible Road였습니다. 예수 그리스도의 동행을 체험할 수 있는 최상의 순간들이었습니다.

나는 몇 년 전의 베트남 아웃리치에서도 풍성한 은혜를 누렸습니다. 공산권 국가의 지하교회에 대한 탄압에도 예수 그리스도의 신실한 제자로서 살아가던 믿음의 형제자매들을 만났습니다. 언제 공안들의 위협이 몰아닥칠지도 모르는 불안한 상황 앞에서도, 예수 그리스도를 구주로 믿고 따랐던 사람들을 만났습니다.

아웃리치 사역은 이방민족을 대상으로 영혼구원의 결실을 맺는 궁극적인 목적도 있었지만, 선교지와 선교활동에 대한 이해를 높이는 선교교육 효과도 컸습니다. 아웃리치는 선교현장을 품고 계신 하나님의 임재와 은혜를 체험할 수 있는 사명자의 무대였습니다. 아제르바이젠의 단기선교팀을 구성하고 있는 형제들은 팀장, 예배인도, 기도, 찬양인도, 정탐, 영상촬영, 회계, 썸, 섬김 등 각자의 역할이 주어졌습니다.

단기선교팀의 기도제목

비유하면 선교사역의 총감독은 하나님이셨습니다. 우리의 계획 속에서 준비되는 것이 아니라, 하나님의 일정한 계획에서 움직이던 사역활동이었습니다. 단기선교팀의 형제들은 하나님의 뜻을 발견하는 일에 충성을 다했습니다. 팀의 큰 형님부터 팀종과 막내 형제까지 매우 헌신적이었습니다. 형제들은 열정이 넘쳐났습니다.

어느 새 아웃리치 대상 국가였던 아제르바이젠에 대한 국가정보가 올라왔습니다. 정탐을 맞은 HY형제의 수고였습니다.

아제르바이젠은 전체 인구의 96%이상이 무슬림이었으며, 과거에는 불을 숭배하던 조로아스터교의 탄생 지역이다. 카스피해 서부 해안을 끼고 있는 국가였으며, 남쪽에는 이란과 북쪽에는 러시아가 위치해 있다. 수도는 바쿠이고 인구는 천만 명을 조금 넘는다. 구소련 공화국의 하나였지만, 1991년 10월에 아제르바이젠 공화국으로 독립한 국가이다. 석유가 많이 생산되는 지역이었으며, 사람들은 곳곳에서 불이 솟아오르던 아제르바이젠을 보며 불의 땅이라고 불렀다.

아제르바이젠은 종교적으로 배타적인 이슬람권이었으며, 국가특성은 구소련 공화국과 조로아스터교의 탄생지, 그리고 불의 땅이었습니다. 이 땅으로 단기선교를 떠날 아웃리치팀은 〈아바팀〉이었습니다. 팀명은 아제르바이젠 선교팀을 지칭했습니다.

나는 갑작스럽게 아웃리치팀의 기도카드 작성을 의뢰받았습니다. 내가 맡았던 직분은 섬김이었으며, 형제들이 불편한 일을 겪지 않도록 보이지 않는 곳에서 헌신하는 역할이었습니다. 나는 기도카드 작성을 위해 하나님 앞에 무릎을 꿇고 매일 밤마다 자정기도를 올려드렸습니다. 하나님께 기도제목을 의뢰하는 일은 눈에 보이지 않는 하나님의 음성을 듣고 쫓아가는 미로여행과도 같았습니다.

나는 기도카드 작성을 위해 단계별 순차적인 기도제목과 함께, 하나님께서 입증하실 수 있는 기도제목을 간구했습니다. 아제르바이젠 단기선교팀의 선교사역 과정에서 체험하고 확인할 수 있는 기도제목이었습니다. 이런 기도제목을 간구했던 것은 바리새인들과 같이 화려한 미사어구의 기도제목보다 아웃리치팀의 선교활동과 일체화된 기도제목을 받고, 하나님께서 동행하고 계신 것을 확신하고 싶었습니다.

일주일 가까이 기도하고 묵상하던 중에 마음에서 갑자기 키워드가 떠올랐습니다. 나는 재빨리 백지 위에 '예비', '영혼', '순종', '체험'이라는 키워드를 옮겨 적었습니다. 순간적이었지만, 마음에는 성령께서 부어 주시는 음성이라는 감동이 일어났습니다. 하나님께서는 일차적으로 키워드keywords가 떠오르게 하셨으며, 기도제목의 방향을 깔끔하게 정하셨습니다.

나는 다시 키워드keywords가 아닌 문장으로 기도제목을 좀 더 구체적으로 알려 주실 것을 기도했습니다. 다시 며칠간의 자정기도가 지나고 마음에서 떠오르던 문장으로 기도제목을 세밀하게 들려주셨습니다.

- 온전히 주의 길을 예비하라
- 한 영혼의 생명구원을 위해 기도하라
- 하나님나라의 임재와 성령님께 순종하라
- 준비과정을 통해 하나님의 능력을 체험하라

하나님께서 마음 깊이 부어주셨던 기도제목의 초안이었습니다. 1차적으로 키워드를, 2차적으로 짧은 문장으로 기도제목을 일깨워주시던 하나님이셨습니다. 이제는 아제르바이젠의 선교사역 현장에 맞는 완성된 기도제목을 간구했습니다. 인간의 지혜가 아니라, 하나님의 뜻에 맞게 작성된 기도제목이었습니다.

- 기도제목1. 하나가 되어 이슬람권 복음전도를 위해 주의 길을 예비하게 하소서
- 기도제목2. 아제르바이젠의 한 영혼 한 영혼의 생명을 위해 부르짖어 기도하게 하소서
- 기도제목3. 불의 땅에서 펼쳐질 하나님나라의 임재와 성령 사역을 위해 순종하게 하소서
- 기도제목4. 팀원들이 선교 준비과정에서 필요한 모든 것을 채우시는 하나님을 체험하게 하소서

크게 보면 3단계에 걸쳐 순차적으로 기도제목을 받았습니다. 하나님은 한 번에 기도제목을 부어주시지 않고, 여러 번에 걸쳐 기도제목을 나누어 주셨습니다. 기도제목 작성을 위해 단계별로 채워주시던 하나님의 은혜는 정말 감격적이고 놀라웠습니다. 나는 아제르바이젠 단기선교팀의 선교사역 과정에서 기도제목들이 입증되는 것을 사모했습니다. 하나님께서 자정에 쌓아갔던 나의 기도를 듣고 계셨으며, 기도제목들은 선

교현장에서 직접 입증할 수 있는 기쁨을 누릴 수가 있었습니다.

네 번의 기도응답

영적 체험은 기도응답으로 실현되었습니다. 영적 체험의 시발점은 기도에서 출발했으며, 기도의 응답은 신앙의 밑거름과도 같았습니다. 체험적인 인생보물이었습니다. 이런 신앙체험을 경험하려면 계속하여 하나님께 요청해야 합니다.

나는 갖고 싶은 게 있거나 은혜 받고 싶으면 무조건 하나님께 달라고 말하는 타입이었습니다. 하나님의 자녀인 우리가 그분께 갖고 싶은 것을 말하는 것은 자연스러운 일이었으며, 우리의 요구에 대해 하나님은 인색하지 않으셨습니다. 전능하신 하나님을 절대적으로 신뢰하지 못하는 것이 문제였지, 그분은 절대 부족한 것이 없으셨습니다.

기도응답의 체험은 더욱 영적 생활을 이어갈 수 있는 비결이었습니다. 기도의 중요성은 믿음으로 진솔하게 인내하며 하나님과의 대화를 통해 요청하는 일이었습니다. 사실 우리에게 기도보다 더 큰 특권은 없었습니다. 아제르바이젠 아웃리치팀의 기도응답은 선교사역을 소중히 아끼시는 하나님의 마음을 느낄 수가 있었습니다.

● 첫 번째 기도응답 : 하나가 되어 이슬람권 복음전도를 위해 주의 길을 예비하게 하소서.

기도제목의 첫 번째 키워드는 '예비'였습니다. 아웃리치를 떠나기 전에 우리 팀은 1세대 선교사님께 썸SUM을 배웠습니다. 썸SUM은 *Special Utility for Mission*의 약어였으며, 앞의 이니셜을 하나씩 따서 썸SUM이라고 불렀습니다. 찬양과 춤이 함께 융합된 집단군무였습니다. 선교사역을 위해 우리가 배워야만할 노래와 춤은 세 가지였습니다. 선교사님은 우리에게 질문했습니다.

어떤 곡으로 찬양하기를 원하시나요? 끝없는 연습과 노력 없이는 하나님께 영광을 올려드리지 못할 수도 있어요. 이럴 때에 예수님을 굳게 믿는 빽을 이용해서 S.O.S 기도요청을 하나님께 드리고 설렁설렁 넘어가면 안 되는 것 아시죠.

우리는 40~50대의 몸치 중의 몸치였으며, 입버릇처럼 썸은 은사가 있는 자녀들의 몫이라며 말했습니다. 교회에서는 춤과 노래의 재능적인 한계가 있는 사람에게 다윗은 좋은 비유이고 사례였습니다.

다윗이 여호와 앞에서 힘을 다하여 춤을 추는데
그 때에 다윗이 베 에봇을 입었더라
삼하6:14

다윗은 하나님의 궤가 다윗성으로 들어오는 것을 보며, 너무 즐거워 자신의 몸을 기쁨의 산 제물로 드렸습니다. 단기선교팀의 형제들은 한 마음이 되어 썸을 준비하며 연습했습니다. 형제들은 정기적인 모임이 있을 때에도, 별도의 시간을 마련해서라도 한강공원에서, 이천만 광장에서, 노량진 공원에서 전체 팀원들이 하나가 되어 선교사역을 준비했습니다.

나는 온누리교회의 이천만 광장에서 썸을 배우며 연습할 때였습니다. 순간적이었지만 하나님께서 〈아바팀〉에게 주신 '예비'라는 기도제목을 이루고 계신 것을 확신했습니다. 단기선교 활동의 준비과정에서 형제들은 한 몸이 되어 일했습니다. 우리는 선교사역을 위한 각종 프로그램의 준비과정에서도, 아제르바이젠 언어의 학습과정에서도, 썸의 연습과정에서도 모두들 하나가 되어 복음전도를 위해 주의 길을 예비했습니다.

아홉 명의 형제들은 하나같이 합심하여, 열심히 선교사역을 위해 필요한 일들을 힘껏 동녁했습니다.

●두 번째 기도응답 : 아제르바이젠의 한 영혼 한 영혼의 생명 구원을 위해 부르짖어 기도하게 하소서.

내가 자정기도를 통하여 받았던 두 번째 키워드는 '영혼'이었습니다. 하나님께서 허락하신 영혼구원을 위한 중보기도의 음성이었습니다. 우리는 아웃리치를 떠나기 두 달 전부터 아제르바이젠 언어를 배웠습니다. 언어 학습은 선교사역의 필수 아이템이었습니다. 그러나 마음과는 달리 말랑말랑한 뇌구조보다는 딱딱한 뇌구조였습니다. 언어지능은 나이를 먹고 퇴화한 상태였습니다. 굳어버린 두뇌 상태에서 아제르바이젠 언어 학습은 너무 비효율적이고 피곤했습니다.

우린 주간단위 언어 학습과 함께 매일 저녁 9시에 어느 곳에 머물던지 무릎 끓고 아제르바이젠의 형제자매들의 영혼 구원과 복음사역을 위한 합심 기도의 시간을 가졌습니다. 아홉 명의 형제들은 매일 정해진 시간에 무릎 끓고 아제르바이젠 형제자매들의 영혼 구원과 선교사역을 위한 기도의 단을 쌓았습니다. 사전준비 모임이 있을 때마다 아제르바이젠의 복음화와 영혼구원을 위한 중보기도를 하나님께 올려드렸습니다.

나는 두 번째 기도의 응답이었던 '영혼'구원을 위한 중보기도의 단을 선교현장에서 입증시켜 주시는 하나님의 손길을 느꼈습니다. 약 두 달간 매일 저녁 9시에 아제르바이젠 형제자매들의 영혼구원을 위해 부르짖어 기도했습니다. 영적 황무지와 같은 그 땅에서 죽어가는 한 영혼 한 영혼을 구원하기 위한 하나님의 깊은 사랑을 중보했습니다. 우리는 그 땅과 그 민족을 복음화하고 구원하실 하나님을 바라보았습니다.

●세 번째 기도응답 : 불의 땅에서 펼쳐질 하나님나라의 임재와 성령사역을 위해 순종하게 하소서.

하나님의 뜻에 맞추는 것이 선교활동이었습니다. 내 뜻보다는 하나님께서 원하시는 것을 깨닫고 나를 낮추어 그분의 뜻을 겸손하게 섬기는 일이 '순종'이었습니다.

우리 아웃리치팀은 직항로가 없어 중국 베이징을 경유하여 인천국제공항을 출발한지 15시간 후에 아제르바이젠 바쿠공항을 도착했습니다. 거의 하루가 지나갔습니다. 바쿠는 참 아름다운 도시였습니다. 입국이후 삼일 째가 되는 날이었으며, 나는 현지 올림피아드 전체 행사의 진행을 맡았습니다. 한국에서부터 아제르바이젠 형제자매들을 섬기기 위해 올림피아드 행사를 준비했습니다.

단기선교팀의 마지막 피날레 행사였습니다. 올림피아드 행사를 위해 필요한 선물과 행사 물건을 성심껏 구입했어도 전체 행사를 하나님의 은혜로 채우기에는 역부족이었습니다. 숙소에서 준비해 온 물건과 현지에서 구입한 물건들을 놓고 형제들은 합심해서 준비했습니다. 한 참 땀을 흘리며 일하고 있던 중이었습니다.

나는 갑자기 선교사님께 쓴 소리를 들었습니다. 함께 올림피아드 행사를 준비하며, 한 가지씩 일할 때마다 하나님께 여쭈어보고 기도하며 순종했느냐는 것이었습니다.

형제님, 한 걸음 한 걸음 기도하며 준비했나요?
한 가지씩 일을 할 때마다 하나님께 여쭈어보며 순종했나요?

무척 부끄러웠습니다. 선교사님은 모든 선교활동에서 그 일을 하나님께 여쭈어보며, 그분의 뜻에 맞게 순종했는가를 물었습니다. 그때였습니다. 옆에 있던 형제가 장난 끼 섞인 말을 뱉어 냈습니다. 그저 툭하고 던진 농담이었습니다.

에이~잘 좀 준비하지!

나는 마음이 무척 불편했습니다. 섬김이란 직책을 기도로 준비하며 잘 섬기기 못했던 자신이 부끄럽고 심란한 마음이 들어 다른 방으로 건너가 잠을 잤습니다. 새벽 3~4시경이었습니다. 잠을 자는 중간에 간이용 침대가 반 토막으로 부러졌습니다. 한밤중에 불난 집의 부채질이었습니다.

아무리 구소련에서 독립한 국가라고 해도 호텔이라는 곳에서 잠을 자는데, 제대로 된 침대가 없어 군용 간이침대에서 잠을 자는데 한밤중에 침대가 부러져 반 토막이 났습니다. 침대가 부러진 이후에는 전혀 잠이 오지 않았습니다. 그때서야 하나님께서 군용침대를 부러뜨리고 내 잠을 깨우신 것을 깨달았습니다. 내일 올림피아드 행사를 위해 새벽부터 기도로 준비하라는 음성이 마음에서 들렸습니다.

하나님께 기도하며 그분의 뜻이 아제르바이젠 형제자매들을 섬기기 위한 올림피아드 행사에서 이루어질 것을 기도하며 순종해야 했습니다. 또한 올림피아드 행사진행을 위해 전적으로 성령하나님을 믿음으로 의지하겠다며 선포했습니다. 올림피아드 행사의 진행과 사역을 위해 하나님만을 바라보겠다는 믿음의 선포였습니다. 그 순간이었습니다. 하나님께서 불의땅 아제르바이젠에서 펼쳐질 단기선교 활동에서 하나님의 임재를 구하며, 사람의 힘이 아니라 전적으로 성령님을 의지하는 것이 선교활동임을 깨닫게 해 주셨습니다.

● 네 번째 기도응답 : 팀원들이 선교 준비과정에서 필요한 모든 것을 채우시는 하나님을 체험하게 하소서.

하나님의 살아계심을 인지하는 것은 중요했습니다. 그래야 하나님의 존재를 깨닫고 체험했습니다. 마지막 기도제목의 키워드는 모든 것을 채우시는 하나님을 '체험'하는 일, 곧 영적 체험의 순간이기도 했습니다. 형제들은 충실하게 자신들의 맡은 역할을 위해 최선을 다했으며, 어느 것 하나 나무랄 것도 없이 충성을 다했습니다.

또한 지난 몇 개월간 아낌없이 준비했던 '아제르바이젠 올림피아드 행사'만을 남겨둔 날이 밝았습니다. 우리는 시내에서 약 2시간 정도 산속으로 들어갔습니다. 함께 이동하던 허름하고 낡은 버스 안에서 아제르바이젠의 형제자매들을 처음 만났습니다. 국내에서 두 달 동안 배웠던 아제르바이젠 언어를 떠듬떠듬 사용해서 말문을 텄습니다.

함께 산을 넘고 고개를 돌아 산 속의 예배장소로 이동했습니다. 몇 달 동안 준비했던 아제르바이젠 올림피아드를 개최할 시간이었습니다. 행사진행을 맡았던 나는 현지 선교사님의 도움을 받아 아제르바이젠 언어를 종이에 받아 적은 후 또박또박 읽어가며 인사했습니다.

아제르바이젠의 형제 · 자매 여러분! 만나서 반갑습니다. 제 이름은 체스입니다. 저희는 한국에서 왔습니다. 그리고 여기 9명의 형제들은 15시간 이상 비행기를 타고 이곳으로 왔습니다. 여러분을 만나기 위해 이곳까지 온 형제들을 한분씩 소개해 드리겠습니다.

형제들 한 사람 한 사람이 열정을 다해 준비했던 피날레였습니다. 아제르바이젠의 올림피아드 게임은 신문 접기 게임, 한발로 서서 밀어내기, 휴지 불기, 과자 따먹기, 보물찾기 등 다채로 왔습니다. 올림피아드의 마지막 행사는 즉흥적인 게임 방식의 제기차기 국제 친선경기였습니다.

우리는 〈한국팀〉 대 〈아제르바이젠팀〉의 제기차기 국제 친선경기라는 게임을 구상했습니다. 행사진행을 맡았던 나는 제기차기에서 거의 백퍼센트 한국팀 승리를 예상했습니다. 하지만 결과는 한국팀의 처참한 패배였습니다. 아제르바이젠 팀의 한 형제가 혼자 30개 이상의 제기를 차서 한국팀의 완전한 패배였습니다. 우리는 그 형제를 다크호스라고 불렀습니다. 올림피아드 행사는 붉은 노을빛이 머물던 마무리 시간 속으로 달려갔습니다. 그리고 행사 전반에 대한 팀종의 울먹거리던 멋진 사역 소감을 들었습니다.

우리가 은혜를 주려고 왔다가 오히려 은혜를 받고 갑니다.
아제르바이젠 형제자매님, 영원히 잊지 못할 것입니다.
너무 고맙고 감사합니다. 사랑합니다.

아웃리치 팀종님의 소감 발표가 끝나자마자 여기저기에서 너나 할 것도 없이 울음바다였습니다. 하나님께서는 아제르바이젠 형제자매들과 형제들이 뒤섞인 놀라운 감동의 장면을 연출하셨습니다. 모든 아웃리치 일정을 마치고 한국으로 돌아오던 비행기 안이었습니다. 형제들은 아제르바이젠의 단기선교 활동이 못내 아쉬웠는지 기회가 되면 다시 한 번 다함께 아웃리치를 섬기러 가자며 뜻밖의 계획을 제안했습니다.

나는 한국으로 돌아오던 비행기 안에서 또 다시 마지막 기도제목이 응답되었음을 깨우쳤습니다. 형제들은 은혜를 주러 갔다가 도리어 감동적인 은혜까지 받고 돌아오던 길이었습니다. 우리 형제들에게 놀라운 은혜와 감동까지도 체험할 수 있도록 단기선교 활동을 예비하신 하나님이셨습니다.

선교

멀리 있든
가까이 있든

누구는 갔고
누구는 가야할 그 길

은혜를 주러 갔다가
은혜를 받고 오던 그 날

언젠가 기회가 되면
또 다시 가자고 하던 그 길

누구는 갔고
누구는 가야만할 그 길

예수제자학교

JESUS DISCIPLES SCHOOL

11
십자가의 길

뭇 사람을 공경하며 형제를 사랑하며
하나님을 두려워하며 왕을 존대하라
사환들아 범사에 두려워함으로 주인에게 순종하되
선하고 관용하는 자들에게만 아니라
또한 까다로운 자들에게도 그리하라
벧전2:17-18

세상의 권위와 충돌

사회는 권위를 갖고 있고, 이런 권위는 사회질서를 유지했습니다. 다른 사람들을 통제하는 힘의 작용, 또는 생각과 행동을 규제했습니다. 사회 속의 권위는 공식적이고 형식적으로 복종시키는 힘의 세기였습니다.

나는 대학을 입학하자마자 권위에 대해 배웠습니다. 권위authority는 긍정적인 의미를 지녔지만, 권위주의authoritarianism는 그렇지 않았습니다. 권위주의는 강제적으로 사람들의 생각과 행동을 복종시키던 힘의 세기였습니다. 쉽게 말하면 불합리한 상하 명령체계였으며, 불공정해도 무조건 복종이라는 것은 권위의 부작용 현상이었습니다. 이게 권위주의였습니다.

하지만 권한관계의 긍정적인 면을 지칭하는 것은 권위였습니다. 권위는 자발적인 순종이거나, 법 집행의 근거가 되는 정당한 힘의 행사였으며, 우리의 생각과 행동을 자발적으로 제약할 수 있는 강한 힘을 갖고 있었습니다. 성경에서도 권위는 맡겨진 지위에 근거해서 일을 할 수 있는 권리적인 측면을 강조했습니다. 모든 권위의 근원은 하나님이셨으며, 최종적인 권위를 갖고 이 땅을 통치하고 계신 절대권자였습니다.

예수제자학교에서도 하나님의 권위를 인정했으며, 그분의 말씀에 대해 철저하게 순종하는 법을 가르쳤습니다. 하나님의 권위는 헬라어의 "엑수시아"에서 유래했습니다. 그 의미는 "엑세스티"라는 '허락하다'라는 뜻을 품고 있었으며, 구체적으로 '~로부터'를 뜻하는 에크와 '본질'을 뜻하는 우시아가 합쳐진 합성어였습니다.

그렇지만 나는 본질적인 문제의식을 갖고 있었습니다. 모든 권위의 출처가 하나님이라는 지점이었습니다. 정당한 권위에 대해서 그 근원이 하나님이라고 말해도 크게 문제가 되지는 않았는데, 사악하고 폭력적인 세상 권위의 근원을 하나님이라고 말하는 것에 대한 괴리감이었습니다. 이 지점은 영적 권위와 세상 권위와의 충돌지점이었습니다. 로마서 13장 1절에는 모든 권위에 대한 복종을 말씀하셨습니다.

각 사람은 위에 있는 권세들에게 복종하라
권세는 하나님으로부터 나지 않음이 없나니
모든 권세는 다 하나님께서 정하신 바라
롬13:1

모든 권위는 하나님으로부터 나왔으며 그분께서 결정하셨습니다. 세상 권위를 세우신 것도 하나님의 뜻이었습니다. 하지만 나는 영적 권위와 세상 권위에 대한 분명한 구별이 필요했습니다. 만약 세상 권위를 가진 자가 하나님의 뜻과 어긋나는 행동을 요구할 때의 현실적인 복종 문제가 뒤따랐습니다. 영적 권위와 세상 권위 간의 충돌지점이었습니다.

첫째. 세상적인 권위의 힘이다. 하나님의 영적 권위와는 달리 세상 권위는 매우 독선적이고 사악할 때가 많다. 그래서 하나님의 권위와 같이 언제나 통용될 수 있는 절대적인 힘의 세기는 아닐 것이다.

둘째. 악용된 권위는 더 이상 권위의 의미를 상실했다. 특히 세상 권위를 가진 자가 하나님의 뜻과 어긋난 권위를 사용하면, 이미 그 권위는 정당성을 잃어버렸다. 이럴 때에는 복종할 이유가 없는 것이다.

내가 갖고 있던 권위의 시각 차이였습니다. 아무리 하나님으로부터 세상적인 권위를 부여받았어도, 하나님의 뜻과 어긋나게 행동하면 권위 자체를 상실한 상태이며 복종하지 않는 게 참된 순종이라는 이해였습니다. 예수님도 바리새인들과 사두개인들의 종교적인 권위를 하나님의 뜻보다는 자신들의 이익을 위해 어긋나게 사용한다는 점에서 독사의 자식들이라며 맹렬하게 비난하셨습니다.

그래서 세상 권위를 갖고 있는 사람들이 하나님의 뜻과는 어긋난 일을 시켰을 때의 우리 행동은 '거부'가 올바른 순종이었습니다. 세상 권위가 하나님의 뜻과 어긋날 경우 권위의 정당성을 훼손하고 있다는 점에서, 순종할 이유가 없다는 것이 영적 권위의 정당한 이해였습니다.

비교와 대조의 인생 법칙

사람들은 경제적인 성공을 위해 목말라 했습니다. 돈을 노래 부르는 사람들, 사회적인 성공의 잣대는 부의 축적이었습니다. 다시 말해 재산을 얼마나 벌었느냐가 중요했습니다.

사람들의 워너비wannabe가 건물주인 경우였습니다. 임대형 건물을 소유한 건물주, 매달 건물임대료를 받으면서 안락하게 살았으면 좋겠다는 인생목표를 설정했습니다. 권력과 명예보다도 부의 축적에 대한 기대치가 훨씬 높았습니다.

더욱 심각했던 인생 가치관은 "돈만 주면 못할 일이 없다."는 극단주의 의식이었습니다. 돈벌이를 위해서는 못할 일이 없다는 이기주의적인 성향을 대변했습니다. 바리새인과 서기관들 같은 종교적인 이기주의도 넘쳐났습니다. 상대방과의 비교의식을 통한 성공관이 지배했습니다.

상대적인 경쟁의식 속에서도 배울 점이 있는 사람은 세례요한이었습니다. 세례요한은 예수님과 자신을 경쟁적으로 비교하지는 않았습니다. 요단강에서 세례를 베풀던 자신의 기득권적인 경쟁의식을 내려놓고 겸손하게 자신을 낮추었습니다. 세례요한은 광야에서 석청을 먹었으며, 살렘 가까운 에논 지역의 요단강에서 세례를 베풀었습니다. 구약의 말라기 이후 400년 간 잠잠했던 이스라엘 땅에 나타났던 선지자였습니다. 죄인들의 회개를 촉구했으며, 예수 그리스도의 길을 예비했습니다. 그의 제자들은 주변에서 요란스럽게 들리던 낯선 소식을 듣고 스승인 세례요한을 찾아왔습니다. 요한에게 요단강 건너편에서 예수라는 새로운 랍비의 등장과 그의 제자들이 세례를 베풀고 있다는 말을 전했습니다.

이 말을 듣고 있던 세례요한은 경쟁위주의 비교 방식이 아니라 자신을 낮추던 대조법으로 대답했습니다.

그는 흥하여야 하겠고
나는 쇠하여야 하리라
요3:30

대조라는 것은 비교적이고 유연한 접근보다 절대적인 평가기준이었습니다. 예수는 흥하여야 하고 나는 쇠하는 길을 선택했습니다. 세례요한은 자신보다 후발주자로 이스라엘 백성들의 회개를 촉구하며 세례를 베풀던 예수와 그의 제자들을 인정했습니다. 자신은 주의 길을 예비하는 자, 그의 신을 드는 것조차 감당하지 못할 존재로서 낮추었습니다.

철저하게 대조의 법칙에 근거한 신앙관이었습니다. 세례요한은 광야에서 낙타 털 옷을 입고 허리에는 가죽 띠를 메고 음식은 메뚜기와 석청을 먹으면서 주의 길을 예비했습니다.

해와 달의 사명

하나님께서 창조하신 피조물은 사람만이 아니었습니다. 인간 외에도 천사와 만물을 창조하셨습니다. 피조물은 눈에 보이는 것과 보이지 않은 것들이 있었습니다. 눈에 보이지 않는 것의 대표적인 피조물은 천사였습니다.

하지만 사람들은 영과 혼, 육을 갖고 있었습니다. 영적 존재였어도 물리적인 현실세계에서 살았습니다. 눈에 보이는 것도 눈에 보이지 않는 것도 둘 다 소유했습니다. 인간의 육신은 눈에 보여도 생각과 말과 의식 등은 보이지는 않았습니다.

나는 눈에 보이지 않는 천사들과 인간을 서로 견주어 본 적이 있었습니다. 성경에서 천사들은 인간의 모습으로 종종 나타났습니다. 하나님이 창조하신 피조물 중에 가장 놀라운 능력의 소유자는 천사였습니다. 이런 점에서 천사는 인간과 매우 흡사한 인격체였으며, 천사 한 명이 수천 명의 사람들과 싸워서도 이길 만큼 대단한 능력을 소유했습니다.

그러나 천사들 중에는 좋은 천사와 나쁜 천사가 있었습니다. 하나님께서 맡기신 자기역할을 충실히 감당하던 가브리엘은 좋은 천사였습니다. 하나님의 뜻을 충실하게 섬겼습니다. 하지만 천국과 세상 질서를 파괴하던 천사도 있었습니다. 그는 루시퍼였습니다. 하나님의 자리를 차지하고 그분의 자리에 올라가 대신 경배를 받으려고 했습니다. 스스로 계명성이 되어 북극집회의 산위에 앉으려고 했으며, 지극히 높으신 하나님의 자리를 탐냈습니다. 루시퍼는 타락한 천사였습니다.

너 아침의 아들 계명성이여
어찌 그리 하늘에서 떨어졌으며
너 열국을 엎은 자여 어찌 그리 땅에 찍혔는고
네가 네 마음에 이르기를 내가 하늘에 올라
하나님의 뭇 별 위에 내 자리를 높이리라
내가 북극 집회의 산 위에 앉으리라
가장 높은 구름에 올라가
지극히 높은 이와 같아지리라 하는 도다
사14:12-14

교만에 빠진 루시퍼는 천사들을 이끌고 하나님을 배신했습니다. 지옥으로 던져졌습니다. 자기 권한 밖의 것을 탐냈습니다. 이처럼 각자에게 주어진 역할은 〈해〉와 〈달〉에 비유했습니다. 해는 낮을 주관하며 환하게 밝혀주는 역할을 하는 반면, 달은 어둠을 주관하고 밝히는 역할이었습니다. 해와 달의 역할은 절대로 바뀌지 않았습니다.

교회 내에서도 하나님께서 맡기신 사명과 역할은 서로 달랐습니다. 예수제자는 자신들에게 맡겨진 사명과 역할을 충실히 섬겨나가는 사람들이었습니다. 목회자와 선교사, 장로, 권사, 집사, 성도의 역할은 정해져 있었으며, 자기 본분에 충실한 것이 〈해〉와 〈달〉에게 주어진 역할이었습니다.

축복이 약속된 삶

하나님께서 약속한 축복된 인생을 살고 싶지는 않습니까? 그렇지만 축복된 삶이 사막과 광야를 지나가야만 하는 인생길이라면 어떻습니까? 불편하지는 않았습니까?

내게 주신 축복조차 제대로 누리지 못하는 것이 인생이라는 생각이 들었습니다. 약속된 축복의 조상은 아브라함이었습니다. 기독교인들은 그를 믿음의 조상이자 언약의 대명사로 여겼습니다. 하나님께서 그를 부르셨고 뭇별과 같은 자손을 주시겠다는 약속, 눈에 보이는 동서남북의 가나안땅을 영원한 기업으로 주시겠다는 약속, 사라와 하갈의 태에서 태어난 후손들로 많은 민족을 이루시겠다는 약속, 생리가 멈춘 사라의 태에서 이삭을 주시겠다는 약속 등 성경 어디에도 그만큼 하나님의 언약이 풍성했던 사람을 만나보기는 힘들었습니다.

그런데 아브라함은 세상적인 사람이었습니다. 영적이고 신앙적인 생각보다는 세상적인 관점에서 하나님과의 약속을 바라보았습니다. 사실 아브라함은 하나님과의 언약을 맺고도 믿음으로 받지 못했습니다. 창세기 17장 17절에는 사라에게 이삭을 주시겠다는 언약을 듣고도 세상적인 기준을 갖고 비웃던 아브라함의 모습이었습니다.

아브라함이 엎드려 웃으며 마음속으로 이르되
백 세 된 사람이 어찌 자식을 낳을까
사라는 구십 세니 어찌 출산하리요 하고
창17:17

아브라함에게 백세 된 사람이 자식을 낳는 것은 불가능했습니다. 인간의 경험적인 지식과 능력으로는 이해하기 힘들었습니다. 그는 하나님의 음성을 듣고 하란을 떠날 때에 75세였지만, 다시 하나님을 만난 것은 99세였습니다. 아브라함이 백발의 노인이 되었을 때에 다시 나타나 완전하게 행하라고 말씀하셨습니다. 그의 이름도 아브람에서 아브라함으로 바꾸었습니다. 이때까지도 아브라함은 불완전한 믿음의 소유자였지만, 하나님의 약속을 믿고 가나안 땅을 향해 나아갔습니다.

내가 너로 심히 번성하게 하리니 내가 네게서 민족들이 나게 하며 왕들이 네게로부터 나오리라

내가 내 언약을 나와 너 및 네 대대 후손 사이에 세워서
영원한 언약을 삼고 너와 네 후손의 하나님이 되리라
창17:6-7

아브라함과 같이 우리 또한 특정한 시기와 장소에서 하나님께서 예비해 놓으신 놀라운 축복을 체험할 것입니다. 우리에게 아브라함과 같이 약속된 축복의 삶이 기다리고 있을 것입니다. 하나님은 불가능한 일들이 약속으로 전환되는 삶의 축복을 예비해 놓으셨습니다. 그분께서 나를 이끄시는 곳으로 나아갈 수 있는 믿음이 중요했습니다.

예수제자학교
JESUS DISCIPLES SCHOOL

12
끝없는 결실의 법칙

이것이 곧 적게 심은 자는 적게 거두고
많이 심는 자는 많이 거둔다 하는 말이로다
각각 그 마음에 정한 대로 할 것이요
인색함이나 억지로 하지 말지니
하나님은 즐겨 내는 자를 사랑하시느니라
고후9:6-7

자본과 신앙의 불일치

사람들이 겪는 공통된 문제는 돈money이었습니다. 생계유지의 핵심입니다. 돈을 추종하는 것은 속되게 보여도, 완전히 관심을 끄기에는 너무 성가셨습니다. 사회는 이를 생산자본productive capital이라 칭했으며, 개인은 먹고 사는 문제라고 불렀습니다.

빈부 격차는 자본의 축적정도에서 결정했습니다. 그러나 시장주의를 내세우는 자본주의와 공동체 주의를 내세우는 사회주의는 서로 지향점이 달랐습니다. 자본주의는 돈 중심의 물질만능주의에 입각해서, 돈을 신성시 취급했습니다. 성숙한 사회공동체보다 자본 가치를 중요시했습니다. 반면 사회주의는 시장영역에 대한 국가개입과 통제를 강조했습니다. 시장영역에 대한 정부개입을 강화하고 민간통제를 지향하던 정책기조를 펼쳤습니다.

하지만 자본주의이든 사회주의이든 하나님중심주의와는 본

질부터 달랐습니다. 사실 예수께서 이 땅에 성육신하셨던 때에는 오늘날과 같은 다양한 사상관은 없었습니다. 영적 세계관의 신앙적인 특성들이 존재했을 뿐입니다. 초창기 기독교인들은 삶의 주인이 하나님이심을 선포했습니다.

우리 삶의 우선순위는 돈과 우상보다는 하나님이 먼저였습니다. 내 삶의 주인을 향해 예배했습니다.

하나님이냐! 돈이냐!

돈으로부터 유혹받는 것은 너무 아쉬웠습니다. 마태복음 6장 24절에서 예수님은 한 사람이 두 주인을 섬길 수 없다며 확실히 못 박았습니다. 그 이유는 이율배반적인 우리들의 마음 때문이었습니다.

한 사람이 두 주인을 섬기지 못할 것이니 혹 이를 미워하고 저를 사랑하거나 혹 이를 중히 여기고 저를 경히 여김이라 너희가 하나님과 재물을 겸하여 섬기지 못하느니라

마6:24

돈의 위력은 기독교인들의 신앙심까지 뒤흔들었습니다. 나는 예전에 스스로 삼십 만 원 짜리밖에 안된다며 애처롭게 여

겼던 적이 있었습니다. 감사헌금의 크기는 삼백도 삼천도 삼억도 아닌 삼십 만 원짜리였습니다. 내가 하나님께 드릴 수 있는 감사헌금의 마지노선은 삼십 만원이 최고 수준이었습니다.

부와 귀가 주께로 말미암고
또 주는 만물의 주재가 되사 손에 권세와 능력이 있사오니
모든 사람을 크게 하심과 강하게 하심이 주의 손에 있나이다
대상29:12

실생활에서 돈의 위력을 체험했다고 해도, 나는 하나님중심주의로 살 것을 결단했습니다. 참 다행스러웠습니다. 성경 말씀에도 부귀의 주인은 하나님이셨으며, 부귀영화는 그분의 손에 달려 있었습니다. 자기 인생에서 돈을 쫓아가면, 영적인 삶의 목적을 추구하는 것과는 불일치한 경우가 많았습니다.

우리 삶의 목적은 돈보다는 하나님 중심적이어야 했습니다. 하나님이냐 돈이냐를 선택해야만 할 때에는 돈이 아니라, 하나님이 나의 크기임을 기억해야만 했습니다. 자본주의 시장체제에서 살아가는 기독교인에게는 돈보다는 하나님중심주의의 세계관을 정립해야만 했습니다.

하나님이 나의 크기입니다.

돈은 나의 크기가 아닙니다.

부자와 열달란트

부자가 되는 것과 천국에 들어가는 것을 선택하라면 무엇을 원하시겠습니까? 부자가 천국에 들어가는 것은 낙타가 바늘구멍을 들어가는 것보다 어려웠습니다. 이 말씀은 가난해도 천국소망을 누릴 수 있었습니다.

나는 김미진 간사가 쓴 〈왕의 재정〉을 읽었습니다. 하나님나라의 재정 관리였으며, 나의 문제를 짚어보았습니다. 우리는 청교도인과 같이 근검절약 정신을 갖고 있지는 못하더라도, 기독교인의 신앙생활에 적합한 재정관리 활동을 필요했습니다.

나는 재정관리에 대한 의식이 전혀 없구나.
돈을 돈으로 보지 않고
그저 있으면 사용하고 없으면 방치하는
자연주의 물질관을 갖고 있구나.

세속적인 속부가 아닌 성부聖富의 삶을 권장했습니다. 돈, 돈, 돈하며 살아가는 것은 졸부의 삶이었지만, 하나님께서 하늘 곳간을 열고 부어주신 물질을 기반으로 하나님나라의 확장에 적극적으로 참여하는 것은 성부의 삶이었습니다. 재물 속에 숨어 있는 맘몬Mammon의 지배를 받는 것이 아니라, 하나님나라의 프로젝트에 참여하는 참된 성부로서의 삶이었습니다.

돈은 이 땅에서 사는 동안 제한된 삶의 수단이었습니다. 하나님은 우리에게 생산적인 경제활동을 강조하셨습니다. 현재의 부를 활용해서 또 다른 부를 재생산하고 축적하며 분배하는 생활상이었습니다. 성경에서 이를 뒷받침하는 것은 달란트 비유였습니다.

다섯 달란트 받았던 자는
다섯 달란트를 더 가지고 와서 이르되
주인이여 내게 다섯 달란트를 주셨는데
보소서 내가 또 다섯 달란트를 남겼나이다
마15:20

달란트 비유는 주인이 종에게 일정한 재산을 남겨주고 떠났는데, 주인이 다시 돌아올 때까지 얼마나 재산을 늘렸는가의 문제였습니다. 경제적인 활동의 성과였습니다. 한 달란트를 받았던 종과 다섯 달란트를 받았던 종의 재정관리 행동이었습니다. 다섯 달란트를 받았던 종은 다시 다섯 달란트의 이윤을 더 남겨서 열 달란트가 되었는데, 한 달란트를 받았던 종은 돈을 잃어버리는 것이 두려워 땅속에 묻어놓았습니다. 주인이 돌아왔을 때에 한 달란트를 주인에게 내밀었고 주인은 그에게 한 달란트를 빼앗아 열 달란트를 만들어낸 종에게 줄 것이라는 비유적인 예화였습니다.

무릇 있는 자가 없는 자의 것도 모두 빼앗아 챙기는 결과였습니다. 이를 두고 경제학적으로 마태효과Matthew Effect라고 불렀습니다.

흉년과 풍년의 숨은 뜻

기독교인 실업가들은 많았습니다. 하지만 크게 경제적인 부를 창출할 수 있는 능력은 빈약해 보였습니다. 많은 기독교인들은 별반 돈벌이 능력도 없이 물질적인 필요를 채워주시던 하나님의 손길을 의지했습니다. 재정 강의를 맡았던 간사님도 제주열방학교에서 10년 이상을 보냈던 빈털터리 신세였습니다.

그분의 재정고백이었습니다.

저는 예수전도단에서 월급 한 푼도 없이 지난 십여 년간 간사직을 충성스럽게 맡았습니다. 일정한 급여도 없이 생활하는 것은 힘들었습니다. 솔직히 그 자리를 내려놓고 떠날 때에는 전혀 월급이 없다보니, 자리를 내려놓는 것이 전혀 힘들지가 않았습니다. 하지만 하나님께서는 제가 돈이 필요할 때에는 이곳저곳의 손길을 통해서 채워주셨습니다. 놀라운 그분만의 방법으로 필요한 금액을 꼭 맞추어서 채워주셨습니다.

나는 강의를 들으며 기쁨과 슬픔이 교차했습니다. 어쩌면 예수제자의 삶은 자본주의와는 전혀 적합하지 않은 물질관을 갖고 있었습니다. 강사님은 성빈聖貧의 삶을 살았습니다.

하나님 사역에 헌신하느라고 돈벌이 기회와 능력을 제대로 갖추고 있지를 않았습니다. 기독교인과의 모임에서도 자주 등장했던 표현은 "좋은 집으로 이사했다면서요.", 또는 "이 번에 새 차를 뽑으셨다면서요."라는 식의 세속적인 표현들이었습니다. 강사님은 세속적이지 않았던 자신의 삶에는 하나님의 뜻이 있음을 간증했습니다.

강사님의 재정관리 예화는 구약시대의 요셉이었습니다. 야사와 같은 성경풀이를 시작했습니다. 요셉은 흉년 7년과 풍년 7년의 숨겨진 뜻을 품고 있던 성경 속의 인물이었습니다. 요셉은 흉년이 들어서야 겨우 아버지 야곱과 11명의 형제들을 모두 만났습니다. 그 땅에 흉년이 들지 않았다면, 형제들은 쌀을 구하러 애굽땅으로 내려오지도 않았을 것입니다. 다시는 형제들을 만날 수가 없었습니다. 흉년을 통해서, 하나님은 요셉에게 아버지 야곱과 형제들이 서로 재회할 수 있는 시공간을 예비해 놓으셨습니다.

또한 요셉은 풍년의 때에는 돈이 아닌 하나님께 집중했습니다. 풍요롭고 넉넉한 재물에 집중한 것이 아니라, 많은 재물을 쏟아 부어 주신 하나님의 뜻을 분별하고 그분의 뜻을 이행하는 일에 집중했습니다. 요셉과 마찬가지로 우리의 삶은 흉년의 때이든 풍년의 때이든 하나님의 뜻을 발견할 수 있어야만 했습니다. 어떤 상황이든 하나님께서 내게 요구하는 뜻이 있음을 잊지 말아야 했습니다.

공동체 퍼즐과 제자도

기독교인이 기독교인을 만나는 일은 즐겁습니까? 얼마나 자주 만나고 계시나요? 나는 한때에는 기독교인을 만나는 것이 부담인 때도 있었습니다. 하지만 지금은 무척 반갑고 보고 싶은 형제자매들도 있었습니다.

신앙성장에 도움을 받았던 이들은 더욱 그리웠습니다. 은혜를 입었기 때문입니다. 예수제자학교의 신앙훈련이 거의 끝나갈 시기에 편제된 강의는 제자도였습니다. 예수제자답게 예수의 삶을 따라 살아갈 수 있는 길이었습니다. 거듭난 제자로서 영향력 있는 삶을 살아가라는 가르침이었습니다. 예수제자의 삶은 한 문장으로 정리했습니다.

예수제자의 삶은 죽을 때까지
결코 졸업식은 없습니다.

강사는 예전 전문인선교훈련학교OPMS의 담임목사님이셨습니다. 두란노 선교원의 독수리 오형제로 활동했으며, 온누리교회의 해외 선교사역을 총괄했습니다. 목회자로서 살아온 목사님의 제자도에 대한 이해는 체험적인 산물처럼 느껴졌습니다.

목사님은 수술을 받기 위해 입원했던 자신의 경험적인 이야기를 꺼내놓았습니다. 수술대 위에서 깨달은 것이 있는데, 예수제자는 하나님의 수술대 위에 올라가 있는 사람들이라며 간증했습니다. 우리 인생의 집도의執刀醫이신 하나님께 우리 인생 전체를 내어드리고 수술을 받아야만 했습니다.

예수제자는 생애에 걸쳐 제자의 길을 걸어갔습니다. 하나님의 수술대 위에서 제자의 삶과는 거리가 먼 세상적인 욕심과 명예, 교만과 이기심, 성욕 등 온갖 썩은 부위를 잘라내야 했습니다. 예수제자는 영적 대수술이 필요했습니다.

스승인 예수와 제자 사이는 각별했으며, 불가분의 관계였습니다. 진리의 말씀을 들으려고 사방에서 모여든 사람들이었습니다. 예수가 가시던 산과 바닷가, 들에는 사람들로 가득 찼습니다. 이들은 예수를 통하여 하나님나라의 속성을 배우고 받고 들은 바를 행하는 기독교인이었습니다.

평강의 하나님이 함께 하는 예수제자였습니다. 스승이신 예수를 닮아가는 사람들, 날마다 예수를 증거 하는 증인의 삶을 살아가는 예수사랑의 실천가였습니다.

너희는 내게 배우고 받고 듣고 본 바를 행하라
그리하면 평강의 하나님이 너희와 함께 계시리라
빌4:9

에필로그

예수제자는 하나님나라를 확장시켜 나가는 회복과 창조사역자였습니다. 사람들에게 복음을 증거하는 예수 그리스도의 증인들이었습니다. 예수 그리스도를 마음 중심에 품고 하나님나라를 선포하며, 그분의 사랑을 대변하는 기독교인이었습니다.

나는 이제야 대단원의 막을 내립니다. 2014년 전문인선교훈련학교와 2017년 예수제자학교를 이수한 것은 하나님의 부르심이었습니다. 예수제자학교를 이수한 이후, 마음에선 한 권의 책이 떠올랐습니다. 제자훈련을 받으며 틈틈이 기록해 놓았던 내용들을 집필해서 책으로 발간하고 싶은 기대였습니다.

이 책을 쓰기 위해, 나는 지난 4년간을 묵상하며 보냈습니다. 서울에서 원주로 이사할 때부터 〈예수제자학교〉라는 은혜의 물줄기를 엮어내기 위한 집필과정을 껴안고 옮겨왔습니다. 한동안 초안을 써놓고 깊은 고민에 빠졌던 일도 있었습니다. 예수제자학교를 이수하고 있는 분들은 부르심의 자리에 앉아 있었습니다. 매일 한걸음씩 예수 그리스도를 닮아가는 인생이 예수제자학교의 가르침이었습니다. 하나님과의 친밀한 영적 관계를 맺으며, 거듭나고 거룩한 삶을 추구하는 영성훈련 학교였습니다.

많은 훈련생들이 삶의 분기점을 체험했습니다. 나 또한 예수제자학교를 통해서 내 삶의 방향성을 바꾸었습니다. 그러나 아직도 성숙한 믿음과 인격으로 더욱 채워져야 할 신앙적인 것들이 남아 있었습니다. 예수를 닮은 인생을 살아가기 위해서는 내 안의 중심에 하나님의 자리를 내어드려야 했습니다. 늘 예수 그리스도를 내 생각 속에서 붙잡고, 빈번하게 영적 동행을 추구해야만 했습니다. 예수를 마음 중심에 두고 주어진 생애를 살아가는 일이었습니다

사랑하는 형제자매들에게도 예수 그리스도와 더욱 친밀한 관계를 유지하며, 세상 끝날까지 함께 동행할 수 있기를 기도드립니다.

감사합니다.

예수제자학교
JESUS DISCIPLES SCHOOL

김장기 지음

초판인쇄 2021년 11월 10일

발행인 김장기
디자인 송동욱(디자인하다)
발행처 도서출판 생각풀이
주 소 원주시 늘품로 120 @ 102-304
대표전화 010-7145-5308
팩 스 033-766-4985
출판등록 2021년 3월 31일 제419-2021-000013호
이메일 k6810@hanmail.net

ISBN 979-11-976012-0-0

※출판하고 싶은 원고가 있으면 k6810@hanmail.net으로 보내주십시오.
당신의 원고가 소중한 책으로 출판되는 기쁨을 함께 누리고 싶습니다.